DIE MEISTER ERINNERN SICH

Edwin Courtenay

DIE MEISTER ERINNERN SICH

Reflexionen der
Aufgestiegenen Meister
über ihre Erdenleben

Edition Sternenprinz

Deutsche Ausgabe
© 2007 by Hans-Nietsch-Verlag
Alle Rechte vorbehalten

Aus dem Englischen von Hans-Jürgen Maurer

Lektorat: Petra Danner
Korrektorat: Sylvia Schaible
Illustrationen: Swetlana Moa
Umschlaggestaltung: Constanze Sträter
Satz und Innengestaltung: Hans-Jürgen Maurer

Edition Sternenprinz im Hans-Nietsch-Verlag
Poststr. 3, D-79098 Freiburg

www.sternenprinz.de
www.nietsch.de

ISBN 978-3-939570-15-8

INHALT

Widmung und Danksagung

Dieses Buch widme ich meiner lieben Freundin und Lehrerin Mrs. Marion Sidebotham, die mir beibrachte, mich selbst zu lieben, und die im Sommer 1997 verstarb;
meiner besten Freundin und Gefährtin Beverly Harden, die mir zugehört hat und mich in meinen Entwicklungsjahren mit ihrer Liebe unterstützte. Sei gesegnet!

Und meiner Familie, ohne deren fortdauernde Liebe und Ermutigung ich nicht leben würde. Mögen die Götter immerfort auf euch scheinen und euch segnen.

Ich möchte einigen Personen meinen Dank aussprechen. Ohne ihre Hilfe, Inspiration und Ermutigung wäre dieses Buch nicht entstanden.

Carole Humber, denn ihre Präsenz, ihr Glauben und nicht zuletzt ihre organisatorischen Fähigkeiten ließen dieses Projekt Wirklichkeit werden.

Robert Taylor, der mir in den letzten Tagen der Arbeit an diesem Buch die Augen für seinen wahren Wert geöffnet hat.

Allen unsichtbaren und unbesungenen Heldinnen und Helden des Verlages für ihren Enthusiasmus und ihre Fachkunde, mit der sie das Buch so schön haben werden lassen.

Und schließlich den Meistern selbst, die mich fortdauernd mit ihrer Gegenwart ehren und mich als Kanal für ihr Licht verwenden.

Salomon

Einführung

Es ist vielleicht schwer vorstellbar, dass wir auch etwas anderes sein könnten als jene Person, die wir in diesem kleinen gegenwärtigen Leben darstellen.

Wir werden geboren, wachsen, werden reifer, älter und sterben. Das ist der Zyklus, der schon seit Hunderten von Jahren unser Dasein bestimmt.

Doch jetzt, da wir immer schneller dem Wassermannzeitalter entgegengehen, erwachen mehr und mehr Menschen zu der Wahrheit, dass dieses Leben nur eines von vielen ist, die wir gelebt haben. Wenn wir diese Wahrheit nicht anerkennen wollen, beruht das auch auf der bequemen Vorstellung, dass uns dieses eine und einzige Leben irgendwann in den ewigen Frieden oder aber in die Hölle führen wird.

Wenn wir erwägen, dass wir schon viele Leben gelebt haben und noch viele Leben auf uns warten, erfüllt uns das ebenso mit Angst und Schrecken wie die Vorstellung, dass das Leben immer weitergeht und dass dies schon seit Anbeginn von Raum und Zeit so ist. Wenn wir erwägen, dass wir heute die Summe aller vorherigen Leben und doch immer noch unvollkommen und fehlbar sind, dass wir aber die Pflicht in uns tragen, weitere Inkarnationen zu durchleben, um so unserem Höheren Seelen-Selbst zu mehr Wissen, Erfahrung und Weisheit zu verhelfen, können wir weiter wachsen und unsere spirituelle Wahrheit vertiefen. Dann erst werden wir anerkennen können, dass unser Leben mehr ist als reine Existenz, dass es mehr von uns fordert, als nur Spaß zu haben, und dass es eine spirituelle Bedeutung hat, wer wir sind, warum wir sind, wo wir sind und was wir tun.

Natürlich wäre es tröstlicher zu denken, dass unsere Leben kleine strahlende Explosionen seien, einen Moment lang sichtbar und im nächsten bereits verschwunden, um danach in ewige Glückseligkeit einzugehen. Es wäre wunderbar zu denken, dass es bedeutungslos ist, wie wir unser Leben leben, ob wir es nun verschwenden oder sinnvoll nutzen, ob wir durch unsere Inkarnation schlafwandeln oder unseren Lebensweg sorgfältig planen und jede Erfahrung und jede Gelegenheit, zu lernen und spirituell zu wachsen, annehmen und umarmen. Es wäre bequem zu glauben, dass wir weder Ziel noch Schicksal hätten, sondern nur hier sind, um uns selbst zufriedenzustellen, ohne Rücksicht auf jemand anderen nehmen zu müssen, dass wir nicht freundlich oder liebevoll zu sein und nicht die Wahrheit zu verstehen bräuchten, dass wir Teil eines größeren Ganzen sind und unsere Handlungen den Rest der Menschheit beeinflussen.

Doch dem ist natürlich nicht so. Wir haben bereits gelebt und wir werden wieder leben: in neuen Körpern, mit anderem Geschlecht und anderen Rollen in der Gesellschaft. Wir haben ein Höchstmaß an Dekadenz und Reichtum kennengelernt; wir haben die Einsamkeit von Armut und Hunger erlebt; wir haben Freude verspürt und uns durch Qualen und Unglück geschleppt. Wir haben große Dinge gesehen und wir haben im Verborgenen gelebt. Wir haben berühmte Menschen gekannt und unter jenen gelebt, an die sich kein Mensch dieser Erde je erinnern wird.

Der Durchschnittsmensch findet es vielleicht schwierig zu verstehen, dass die Erzählungen von früheren Inkarnationen keine erfundenen Geschichten oder Fantasien von Verrückten oder von Menschen sind, die sich Vertrauen und Geld ergaunern wollen.

Momentan gibt es nur sehr wenige Menschen auf der Erde, die die Fähigkeit besitzen, ihre Erfahrungen und Erinnerungen an frühere Leben wieder zu erleben. Und doch gibt es immer wieder Menschen, die in Verbindung mit einer Person, einem Gegenstand oder einem Ort intensive Emotionen verspüren, die eigentlich nicht zu erklären sind.

Viele Menschen haben die Erfahrung gemacht, dass sie jemanden zum ersten Mal treffen und doch sofort das Gefühl haben, diese Person zu lieben, zu kennen, zu hassen oder zu fürchten. Diese Emotionen sind echt, obwohl sie auf keiner offensichtlichen Tatsache beruhen und für ihre Heftigkeit kein sichtbarer Grund besteht. Und doch waren die Emotionen wahr und stark.

Viele Menschen haben einen fremden Ort irgendwo auf der Welt besucht und sich endlich zu Hause gefühlt. Oder sie fühlten sich krank oder hatten Angst, dass sie ermordet werden könnten. An diesem Ort sind sie wahrscheinlich früher schon einmal gewesen und haben entweder gute oder schlechte Erfahrungen gemacht. Einige Menschen haben das Glück, im gegenwärtigen Leben einen Gegenstand zu besitzen, der ihnen bereits in einem früheren Leben gehört hat. Dieser Gegenstand kann nun Erinnerungen oder Emotionen aus jenem früheren Leben wachrufen.

Emotionen sind viel kraftvoller als Gedanken. Sie werden im innersten Kern unseres Wesens gespeichert. Unsere unbewussten Erinnerungen aus der Vergangenheit sowie Menschen, Orte und Gegenstände können die Gefühle aus früheren Leben wiedererwecken und uns mit Emotionen überwältigen, die nicht in unser heutiges Dasein, sondern in die Vergangenheit gehören.

Viele Menschen, die von der Idee der Reinkarnation fasziniert sind, haben sich dermaßen in die Möglichkeiten ihrer früheren Leben vernarrt, dass sie geradezu besessen davon sind. Sie trennen sich von ihrem gegenwärtigen Leben ab und verbringen stattdessen ihre Zeit in einem ewigen und unendlichen Fantasieland aus Erinnerungen, die nicht bestätigt werden können, und Emotionen, die nicht mehr wirklich sind. Das zuzulassen ist sehr gefährlich, denn es ist sehr wichtig, im Hier und Jetzt zu leben.

Doch ist es nützlich, sich die Erinnerungen aus der Vergangenheit anzusehen. Wo komme ich her? Was habe ich gelernt? Welche Fehler habe ich gemacht? Welche Triumphe habe ich gefeiert? Die Antworten auf diese Fragen können Hinweise darauf geben, wer wir heute sind, warum wir hier sind, was wir noch zu erledigen haben und wohin wir gehen sollen. Denn wenn wir uns wirklich entscheiden wollen, wohin wir gehen, müssen wir wissen, woher wir kommen.

Unter diesen Voraussetzungen haben sich die Meister entschlossen, hervorzutreten, Geschichten aus ihren früheren Leben zu erzählen und mitzuteilen, wer sie gewesen sind und was sie getan haben. Damit soll aber nicht die müßige Neugier jener Menschen befriedigt werden, die die Meister als Heilige oder Götter anbeten und nur mehr Informationen über ihre früheren Leben haben möchten, sondern es soll der ernsthafte Schüler angeleitet werden, der den Weg des Lichts geht.

Die Beispiele aus den früheren Leben der Meister sollen aufzeigen, dass auch sie einst sehr menschlich und auf vielerlei Art fehlbar waren. Sich frühere Leben anzuschauen kann uns dabei helfen, Bereiche unseres jetzigen Lebens zu erkennen, an denen wir arbeiten sollten.

Bevor ich also die große Tür öffne und dich in die Bibliothek einlasse, in der die Aufzeichnungen über die früheren Leben der Aufgestiegenen Meister aufbewahrt werden, möchte ich dir eine kurze Darstellung über die Meister und das Wesen der Reinkarnation geben.
Die Aufgestiegenen Meister sind menschliche Wesen, die uns vorausgegangen sind. Sie haben auf der Erde gelebt und nach einer Reihe von Inkarnationen, die auf einer spirituellen Ebene

sehr erleuchtend waren, eine Stufe erreicht, von der sie aufsteigen konnten. Sie wurden erleuchtet, gottgleich und somit fähig, ihre Bewusstheit auszudehnen und sich von der materiellen Welt zu befreien. Sie waren fähig, sich selbst und die Welt um sich herum zu verändern und Wunder zu bewirken.

Diese Wesen müssen nicht mehr auf die Erde zurückkehren, um weiter wachsen zu können. Sie haben eine spirituelle Stufe erreicht, auf der es keine Beschränkungen, keine Form und keine Zeit gibt, keinen Klang und keine Farben. Diese Ebene ist eine Dimension des Bewusstseins und wird *Shambhala* oder „die aufgestiegene Ebene" genannt. Diese „Meister" sind nicht unsere Meister, sondern Meister ihrer selbst. Sie haben ihre Energien und ihr Licht vereinigt und existieren in einem kollektiven Bewusstsein. Die Meister haben Charakter und Persönlichkeit abgelegt und sind nur noch reine Gedanken und reines Licht, umgeben von einem vielfach facettierten Diamanten. Die Facetten dieses Diamanten repräsentieren jeweils ein gelebtes Leben. Durch diese Fenster empfangen die Meister Erfahrung und Wissen und senden ihr kollektives Bewusstsein auf die Erde, damit es von Channel-Medien empfangen werden und die Menschen auf ihrem Evolutionsweg anleiten kann.

Reinkarnation ist ein einfacher Vorgang. Die Seele, das direkt aus Gott geborene Höhere Selbst, spaltet einen Teil des eigenen Lichts ab und schickt es auf die Erde, damit es sich dort in eine physische Form inkarnieren kann. Die Seele hat sich die Eltern und den Zeitrahmen ausgesucht, in dem sie leben möchte. Sie weiß auch ein wenig von den Möglichkeiten, durch die der inkarnierte Teil von ihr wachsen kann. Auch weiß sie, dass sie alle Begebenheiten bewusst ausgewählt hat, damit Geist und Höheres Selbst ihr Wissen durch emotionale, mentale, physische und spirituelle Erfahrungen ergänzen können.

Der Geist reist also „nach unten" und verankert sich im Körper des ungeborenen Kindes. Das Kind wird geboren, wächst und ist immer vom Willen des Höheren Selbst geführt, der wiederum vom Willen Gottes geführt ist. So kann das Höhere Selbst die Dinge erfahren, die gesehen und getan werden müssen. Der Geist hat natürlich freien Willen und benutzt ihn, um das Bedürfnis des Höheren Selbst nach Wachstum und Erfahrung zu verleugnen. Doch je spiritueller die inkarnierte Seele wird, desto mehr richtet sie sich auf den Willen des Höheren Selbst aus und lässt sich zu Menschen, Orten und Situationen führen, die ihr am meisten nützen. Selbst wenn es sich um schwierige Erfahrungen handelt, weiß die Seele, dass die schmerzhaftesten Lektionen im Leben oft die besten Lehrer sind.

Der Mensch führt seine Lebensreise fort, altert und stirbt. Vielleicht sogar durch einen Unfall oder aufgrund von Manipulationen der dunklen Seite. All das kann natürlich nur mit dem Willen Gottes und des Höheren Selbst geschehen. Nichts bleibt dem Zufall überlassen. Alles ist bis zu einem gewissen Grad geplant.

Durch die vielen Inkarnationen wächst das Höhere Selbst, bis es in allen vorgesehenen Bereichen Erfahrungen und Wissen gesammelt hat. Dann steigt es schließlich in eine höhere Dimension auf, um in den Sphären des Lichts seine spirituelle Evolution fortzusetzen.

Nicht die Anzahl der Inkarnationen auf der Erde geben Wissen und spirituelle Kraft, sondern die Lektionen, die wir gelernt haben, und die Qualität unserer Erfahrungen. Als alte Seele wird bezeichnet, wer intensive Erfahrungen gemacht hat, nicht, wer oft gelebt hat.

Komm nun mit mir. Nimm meine Hand und lass dich durch diese alte, wunderschöne Holztür führen. Noch bevor wir sie berühren, öffnet sie sich weit. Du siehst eine große, uralte Bibliothek mit eichengetäfelten Wänden und schmiedeeisernen Wendeltreppen. Die Wände stehen voller Bücher, eine Reihe neben der anderen. Sie sind in braunes, rotes und schwarzes Leder gebunden, mit goldenen Buchstaben beschriftet.

Du siehst Menschen, die still von Regal zu Regal gehen und die Bücher anschauen. Ab und zu ziehen sie ein Buch hervor und lesen konzentriert darin. Und du kannst Assistenten sehen, die die Suchenden zu den richtigen Regalen führen und ihnen hilfreich zur Seite stehen. Diese Assistenten sind Engel, wunderschöne Wesen aus Licht, die auf ihrem Rücken große, prächtige Flügel tragen. Du wirst dir bewusst, dass dies keine gewöhnliche Bibliothek ist, sondern die Akasha-Chronik, in der alles Wissen und alle vergangenen und zukünftigen Leben aufgezeichnet sind.

Dieser Ort liegt jenseits von Raum und Zeit. Er trägt alle Gedanken und Gefühle, alle physischen und spirituellen Erfahrungen, die jemals auf der Erde gemacht wurden. Ein Ort, der vor angesammeltem Wissen förmlich vibriert und atmet.

An meiner Hand gehst du mit mir in einen bestimmten Teil der Bibliothek. Dort sind nur wenige Menschen, denn hier stehen die Bände über die Wesen, die zu Aufgestiegenen Meistern geworden sind.

„Suche dir ein Buch aus", sage ich. „Nimm dir ein Buch und ziehe es aus dem Regal. Öffne den alten Lederdeckel. Du wirst merken, dass das Buch zu dir spricht. Es wird dir eine Geschichte erzählen von einem Leben, das vor langer Zeit gelebt wurde. Das Buch wird dir vom Leben der Meister erzählen."

Nimm ein Buch! Nimm es und lies. Lasse zu, dass das Wissen darin und die Lektionen dein Leben verändern.

Ich bin dein bescheidener Diener, dein Lehrer und Führer.

Ich bin Salomon,
kosmischer Aufgestiegener Meister
der Weisheit und Wahrheit.

Jesus

Mein Leben in Atlantis

Obwohl die Vorstellung von Reinkarnation und einem Leben nach dem Tod für viele Menschen heutzutage selbstverständlich ist, erfordert es von manchen eine größere geistige Offenheit, wenn sie hören, dass berühmte Persönlichkeiten mehr als ein Leben hatten.

Das berühmteste Leben, das ich auf der Erde gelebt habe, war das als Jesus, und viele Menschen definieren nach ihm mein Wesen, meine Persönlichkeit, wer oder was ich war und was ich repräsentiere. Jenes Leben war mein letztes, das letzte nach vielen vorhergegangenen.

Einige dieser Leben sind zu unbedeutend, um davon zu erzählen. Es waren Leben, die mich vorbereitet haben und für die Menschheit keine besondere Bedeutung hatten. Es waren sozusagen meine Lehrjahre, in denen ich zuerst grundlegende Wahrheiten und später auch komplexe spirituelle und universelle Wahrheiten erfuhr.
Und doch gibt es ein Leben, von dem ich gern berichten möchte. Denn auch die Geschichte dieses Lebens enthält viele wertvolle Lektionen und interessante Informationen. Dieses Leben lebte ich kurz nach dem Anfang der Welt.

Lass deinen Unglauben, deine Skepsis und deine Zweifel los. Lass dich von der Vorstellung, dass ich schon einmal gelebt habe, nicht abschrecken. Versuche, in den Worten, mit denen ich die Geschichte jenes Lebens beschreibe, das wahre Wesen meiner Persönlichkeit zu finden. Lies und lausche. Erspüre den roten Faden, das Licht, das Thema, die Ausrichtung meiner Seele, die selbst hinter Dienstbarkeit und äußerem Schein erkennbar ist. Erspüre den Teil meiner selbst, der von der Seele erkannt werden kann: das wahre Wesen meines Seins.

Das Leben, von dem ich erzählen möchte, spielte in Atlantis. Doch bevor ich anfange, muss ich etwas weiter ausholen.

Das Universum wurde erschaffen. Ein begrenzter Raum mit begrenzter Zeit, geformt durch die Kräfte der Illusion und mit Energien, aus denen sich Materie herauskristallisiert hat. Ein Ort voller Sterne, Planeten und Sonnen, voller Monde und Satelliten. Einer dieser kleinen Planeten sollte später als Erde bekannt werden.
Anfangs existierte auf der Erde nur ein großer Kontinent, der *Mu* beziehungsweise *Lemuria* genannt wurde. Hier begann das Leben der Bäume und Blumen, der Gräser und Steine, der Kristalle und Tiere und mit der Zeit auch das Leben der Menschen.

Du würdest den Menschen in seiner frühen Form nicht wiedererkennen, denn er war eine geschlechtslose ektoplasmische Zusammensetzung. Seine Form war weder fest noch definiert, sondern leicht und energetisch. Die Menschen waren von Natur aus androgyn und besaßen eine Polarität, die völlig im Gleichgewicht war.

Zu Anfang lebten die Menschen nicht von Pflanzen oder Tieren, sondern vom Prana der Luft. Die Menschheit existierte durch die Gnade, durch Manna und sammelte Erfahrungen in der Welt, die Gott für sie erschaffen hatte. Doch die Menschen entwickelten sich sehr schnell und mussten bald gelehrt werden, wie sie auf einer physischen Ebene überleben konnten, die zwar warm, wunderschön und liebevoll war, zuzeiten aber auch kalt, rau und erbarmungslos sein konnte. So erschuf Gott fünf Engel, die über die Menschheit wachen sollten. Sie repräsentierten die fünf Elemente und ihre energetischen Eigenschaften. Erzengel Uriel lehrte die Menschen die Geheimnisse der Materie, des Tier- und Pflanzenreichs sowie der Steine, Gottes Kinder im Mineralreich. Raphael lehrte die Menschheit, wie sie miteinander und mit den anderen Lebewesen ihrer Welt kommunizieren konnte. Außerdem brachte er ihr bei, wie man Inspiration erkennt, selbst schöpferisch sein kann und wie man heilt. Gott schuf Michael, der den Menschen die Leidenschaft und später auch die Sexualität gab. Er lehrte, wie sich die Menschen vor den Elementen und vor feinstofflichen Kräften schützen konnten, die noch wild und ungebändigt auf der Erde herrschten. Gott erschuf Gabriel, der die Menschen Liebe, Träume, Reinigung, Vergebung lehrte und ihnen die bedingungslose Natur der Schönheit näherbrachte.

Als die Schwingungen der Erde immer niedriger wurden, wurden die Formen von Tag zu Tag fester. Doch die Menschen waren noch nicht so weit, in dieser Struktur und Form auf der Erde zu leben. So wurde entschieden, dass das Göttliche die Blaupause der Menschheit so verändert, dass sie eine noch eingeschränktere Existenz erfahren konnte. Das wurde durch das Zusammenspiel von Polarität, Geschlecht und der Dichte des Fleischs erreicht. So bekamen die Menschen die Möglichkeit, sich selbst in dieser verdichteten Form fortzupflanzen, um so das Leben auf der Erde zu erhalten.

Der fünfte Engel, der durch Gottes Gnade erschaffen wurde, war Azrael, der Engel des Geistes, der Transformation, der Wiedergeburt und des Todes. Die Lemurier wurden aus ihrer physischen Form befreit und konnten bis zu ihrer erneuten Inkarnation wieder in die Himmel aufsteigen.

Während sie in den Ebenen des Geistes weilten, wurde die Erde verändert. Die große Landmasse wurde in die Kontinente aufgeteilt und einer dieser Kontinente hieß Atlantis. Auf der ganzen Erde verbreitete sich das Leben, doch hier in Atlantis wurden Wesen manifestiert, die, wie Gott entschieden hatte, durch ihr beispielhaftes Leben den Rest der Welt zu Harmonie, Frieden und spirituellem Wachstum führen sollten.

Zu Anfang wurden sieben Atlanter geschaffen, die durch Fortpflanzung die Bevölkerung des Kontinents erschaffen sollten. Gott gab ihnen bestimmte Anleitungen und bestimmte Kräfte, die von den hohen Schwingungen des Landes unterstützt wurden. Gott gab ihnen zu Schädeln geformte Kristalle, Linsen, durch die Gottes Licht fallen und ihnen ihr Heim erschaffen konnte, das so wundersam war wie die Menschen selbst. Und indem sie Gottes Licht fokussierten, ließen die Menschen Kristalle wachsen, die schneller wuchsen und kraftvoller waren als die anderen Kristalle auf der Erde.
Diese Kristalle brachen aus der Erde hervor und bildeten die Städte und Dörfer von Atlantis.

Im Zentralturm saß das erste Hohe Konzil von Atlantis und plante die Zukunft. Es legte die Regeln und Gesetze ebenso fest wie die Generationen, die ihnen folgen würden und Gottes Willen ausführen sollten. Diese ersten Ältesten taten dies, damit Gottes Wille für seine Kinder hier auf Erden geschehen und Frieden, Harmonie und Liebe herrschen konnte.
Und am Anfang war Atlantis tatsächlich ein lichter und schöner Ort.

Ich wurde in die dritte Dynastie geboren. Es war meine erste Inkarnation in diese wundersame Welt der Materie und der Begrenzung, des Lichts und der Natur, der Bedürfnisse, der Schönheit und der Ehrfurcht.

Atlantis hatte sich mittlerweile zu einer blühenden Zivilisation entwickelt. Es gab sieben königliche Familien und jede von ihnen repräsentierte und verkörperte eins der sieben spirituellen Elemente. Das waren Erde, Feuer, Wasser, Luft, Geist, Liebe und Veränderung. Die Familien waren im Besitz von heiligen

Symbolen und Gegenständen, mit denen sie die Schwingung der Elemente halten, leiten und projizieren konnten. Außerdem konnten sie mit den Symbolen der elementaren Kräfte die Schwingung und die spirituellen Eigenschaften der Elemente auf der Erde aufrechterhalten. Die königlichen Familien waren genau wie die Hohepriester von Atlantis in ständiger Verbindung mit den Engeln, die ihre direkten Lehrer, Führer und Freunde waren und die ihnen die Worte Gottes übermittelten. Die Atlanter waren eine hoch spirituelle Rasse und verbrachten viel Zeit mit Kontemplation und Meditation.

Durch einen Beschluss des Hohen Konzils teilte sich die Gesellschaft in soziale Gruppen auf. Da gab es Priester und Priesterinnen, die ihre Zeit damit verbrachten, die Mysterien des Universums zu erforschen und die Schönheit und die Herrlichkeit Gottes zu verstehen. Es gab Priester, die darin ausgebildet wurden, ihre spirituellen Körper von ihren physischen Formen zu trennen. Sie schliefen in besonderen Kammern aus kristallinem Licht und verließen ihre Körper, um in die spirituellen Dimensionen zu reisen, die die materielle Welt durchdringen, um neue Lebensformen zu suchen, um mit den Devas und Elementalen Kontakt aufzunehmen und mit dem kollektiven Bewusstsein der Tiere und der restlichen Menschheit zu kommunizieren. Sie waren spirituelle Astronauten und Forscher, die keine Angst kannten. Sie vertrauten darauf, dass Gott sie mit allem Nötigen versorgte und dass sich die Priester und Priesterinnen um ihre physischen Körper kümmerten, während sie auf weiten Reisen waren.

Es gab Propheten und Seher, die in einem Turm lebten, der „Turm des Auges" genannt wurde. Dieser Turm bestand aus einem Mineral, das dem Sugilith ähnlich war. Diese Propheten und Seher waren „Menschen der Schau". Sie konnten in die feineren Welten sehen, die ebenfalls unsere materielle Welt durchdringen. Sie konnten alle Arten von Devas und Elementalwesen wahrnehmen, alle Arten von unsichtbaren Intelligenzen. Sie sprachen auch mit den nicht inkarnierten Seelen, die gern auf die Erde kommen wollten oder gerade die Erde verlassen hatten.

In jenen Tagen hatte man eine andere Sichtweise von den Lebenszyklen, als sie heutzutage auf der Erde vorherrscht. Es wurde anerkannt, dass das Ende einer physischen Inkarnation Teil eines natürlichen Zyklus ist und nicht etwas, das betrauert werden müsste. Der Tod wurde als Teil des Lebens angesehen. Seelen, die danach verlangten, geboren zu werden, sprachen mit einem Propheten oder Seher, der sich dann nach einem geeigneten Paar umsah, das der Seele einen physischen Körper geben konnte, der den Bedürfnissen dieser Seele entsprach. Wenn sich dann die Eltern miteinander verbunden hatten und die Frau schwanger war, gab es keinen Grund mehr für den Vater, mit der Mutter oder später mit dem Kind den Kontakt aufrechtzuerhalten. Er konnte in sein früheres Leben zurückkehren und sich um seine Angelegenheiten in der atlantischen Gesellschaft kümmern. Sobald das Kind geboren war, wurde es in den Tempel der Göttlichen Mutter gegeben, wo es aufgezogen wurde. Die physische Mutter hatte dann ebenfalls keinen Grund mehr, sich um das Kind zu kümmern oder es zu besuchen. Sie kehrte ihrerseits zu ihrem Platz in der Gesellschaft zurück. Es gab keine Bindung an die Säuglinge, denn alle Atlanter wussten, dass die Seelen, die sich durch sie inkarnierten, individuelle Wesen und nur mit den Eltern verbunden waren, weil diese der Seele eine physische Form zur Verfügung stellten, durch die die Seelen leben und wachsen konnten.

Der Tempel der Göttlichen Mutter war ein Tempel, der ausschließlich von Frauen bewohnt wurde. Sie hatten ihr Leben der Aufgabe gewidmet, sich auf die weiblichen Aspekte von Sophia, der kosmischen Ernährerin, einzustimmen. Diese Frauen zogen die Kinder auf, bis sie alt genug waren, in einen der vielen Schulungstempel aufgenommen zu werden, die es in der atlantischen Gesellschaft gab. Die Frauen im Tempel der Göttlichen Mutter waren verantwortlich für den Erhalt der weiblichen Schwingung auf der Erde und dafür, dass das Gleichgewicht zwischen männlicher und weiblicher Energie gewahrt blieb.

Im Tempel des Friedens lebten und arbeiteten Priester und Priesterinnen, die ihr Leben der Heilkunst widmeten. Man suchte ständig nach neuen Methoden, um Menschen wieder in Harmonie zu bringen, die mental, emotional, physisch oder spirituell aus dem Gleichgewicht geraten waren. Heilung wurde mit der Hilfe von Kristallen, Farben, Tinkturen, Kräutern, Klang, Schwingungen und Engeln erreicht; in einer späteren Zeit von Atlantis heilten sie sogar mit der Unterstützung von außerirdischen Wesen. Es gab Tempel der Meditation, Kontemplation und Manifestation, die die Existenz der Städte dadurch sicherten, dass sie neue Tempel und Häuser schufen. Es gab Tempel der Schöpfung und Tempel der Archive, in denen die historischen Aufzeichnungen von Atlantis als reine Schwingung in Kristallen aufbewahrt wurden. Es gab die Halle der Resonanz, in der die Höhe der Schwingung von Atlantis aufrechterhalten wurde. Es gab große Hallen, in denen Energiestrahlen harmonische Frequenzen aussendeten, damit das Mineralreich untereinander und mit den Menschen in dauerhaftem Kontakt bleiben konnte.

Atlantis war ein wundervoller mystischer und magischer Ort. Es hatte auch seine geheimen Gesellschaften und Tempel, in denen die Ältesten ihre Nachfolger schulten, die sie aus den vielen Tempeln der atlantischen Zitadelle ausgewählt hatten und die dereinst die Führer von Atlantis und Mitglieder des Hohen Konzils werden sollten. Die Entscheidungen des Konzils wurden niemals angefochten, denn jeder Atlanter kannte seine Position in der Gesellschaft. Und wenn sie nicht in eine Rolle inkarniert waren, in der sie zu einem Führer werden konnten, dann war ihnen klar, dass sie noch nicht bereit waren, die Verantwortung einer solchen Position zu tragen. Im Konzil saß je ein Mitglied einer jeden königlichen Familie, das seine Sichtweise und Meinung zur Evolution von Atlantis und der Welt einbringen konnte.

Es wurden auch oft Reisen in andere Teile der Welt unternommen, um die Evolution der anderen Rassen zu überwachen.

Atlantis war auserwählt worden, Fokus für Liebe und Licht zu sein, das Beispiel für den Rest der Menschheit, damit sie sehen konnte, wie sie sich zu entwickeln hatte. Und anfangs hatten die Atlanter tatsächlich viele wundervolle Pläne, wie sie ihre Brüder und Schwestern fördern wollten, die sich in anderen, primitiveren Kulturen und Gesellschaften inkarniert hatten. Pläne, mit denen sie ihnen helfen konnten, ihre eigene Göttlichkeit zu entdecken. Sie ermöglichten ihnen wertvolle Erfahrungen und wählten den richtigen Zeitpunkt und die rechte Art aus, um ihnen die größeren Wahrheiten sanft zu vermitteln.

Vielen scheint die Atmosphäre von Atlantis ziemlich kalt gewesen zu sein. Und durch die wundersamen Kräfte der Atlanter war es wohl auch so. Die Atlanter starben, wenn sie sterben wollten. Zufälle gab es kaum. Die Menschen in Atlantis waren telepathisch, einfühlsam und telekinetisch. Manche konnten sogar mit der Hilfe des Göttlichen und bestimmter Instrumente Gedanken manifestieren. Die Atlanter waren gottgleiche Wesen, Götter auf Erden. In der Zukunft wird es diese Form der Gesellschaft auf der Erde wieder geben. Sie wird erleuchtet sein und bestimmte Emotionen, Reaktionen und Seinsformen werden nicht mehr vorkommen. Trauer wird unbekannt sein, genau wie Angst, Paranoia, Neid, Eifersucht und Wut. Sobald die Menschheit erkennt, dass ihr einziges Leben eines von vielen Leben ist, dass sie in einem kontinuierlichen Evolutionsprozess steckt, und sobald die Menschheit wieder das ganze Bild sieht, wird sie erkennen, dass es keine Gründe für diese niederen Emotionen gibt. Alles, was die Menschheit dann zu tun hat, ist, ihren eigenen Platz im universellen Plan wiederzufinden und ihn bestmöglich zu erfüllen. Dann können die Menschen leben, bis sie sterben möchten. Dann können sie wieder neu geboren werden und immer weiter wachsen, immer neue Erfahrungen sammeln, immer neue Pflichten erfüllen. Mit der Zeit werden die Menschen feststellen, dass sie alle Wunder ihrer Welt und alle Möglichkeiten ihrer gesellschaftlichen Stellung leben können.

Atlantis war es aber nicht vergönnt, die Evolution auf diese Weise fortzuführen, und ich war einer der ersten, der erkannte, dass Atlantis untergehen würde.

Bereits in meiner ersten Inkarnation in Atlantis war ich ein ungewöhnlicher Mensch. Ich wurde mit den Gaben eines Heilers und eines Propheten geboren und fand deshalb in keinem der beiden Tempel ein Zuhause. Die Ältesten hatten mich zu einem ihrer Nachfolger bestimmt und meine Ausbildung wurde darauf ausgerichtet, dereinst Mitglied jenes Konzils zu werden, das wichtige Entscheidungen zu treffen hatte. Ich war Zeuge dieser perfekten Gesellschaft. Ich sah sie, verstand sie und fühlte sie. Es war einfach wunderschön: die Meditationen, die Gebete, die Ekstase. Und doch spürte ich in mir ein beunruhigendes Gefühl von Veränderung. Es war nicht das gleichmäßige Auf und Ab der Lebenszyklen, die ich zu fühlen gelernt hatte. Es war etwas anderes, etwas, das unter dem bewussten Verstand der Atlanter brodelte. Etwas, das sie aus dem innersten Kern ihres Wesens heraus zu irritieren schien. Erst später in jenem Leben, als ich bereits Mitglied des Konzils war, wurden meine Visionen und meine Ängste deutlicher. Mir war klar, dass diese Visionen, die später auch von anderen Menschen empfangen wurden, Warnungen waren. Warnungen vor der Zerstörung von Atlantis durch die eigene Hand.

Wie es in allen Gesellschaften vorkommt, wurden auch in Atlantis Menschen geboren, die es nach mehr verlangte. Menschen, die es schwierig fanden, mit dem Gefühl der Glückseligkeit zufrieden zu sein. Ihnen war der Prozess der Evolution zu langsam, zu langweilig. Sie wollten schneller vorangehen. Diese Menschen begannen darüber nachzudenken, wer, was und warum Gott war. In der Vergangenheit hatten wir das nie-

25

mals getan. Wir hatten das Göttliche niemals hinterfragt. Wir hatten es einfach akzeptiert und daran geglaubt. Wir hatten Vertrauen und waren dankbar.

Zu Anfang lösten diese Fragen viel Enthusiasmus aus: Ein neues Rätsel, das zu lösen war, ein neues Paradoxon, das verstanden werden wollte. Eine neue Herausforderung, etwas, worüber noch nie jemand nachgedacht hatte, und doch etwas, das das Offensichtliche und Klare verschleierte.

Und zu Anfang wurde auch keinem damit geschadet. Es wurden viele Gedichte und viele Lieder geschrieben, viele Visionen wahrgenommen. Und all das trug zum Glanz und zum Wunder von Atlantis bei. Doch durch die Visionen, die mir offenbart wurden, war mir klar, dass die Atlanter Komplexität erschaffen würden, um das Einfache verstehen zu wollen. Und natürlich war die Komplexität, die sie schufen, reine Illusion. Und die Illusionen, die sie erschufen, erschufen neue Illusionen, da Komplexität nur zu noch mehr Komplexität führen kann. Die Atlanter wollten mehr und mehr verstehen, doch konnte wahres Verständnis nicht erreicht werden, da ihr Verstand begrenzt war, obwohl sie vollkommen waren. Sie erschufen eine Illusion und betrogen sich selbst, indem sie glaubten, die Antwort gefunden zu haben, obwohl sie in Wahrheit gar keine finden konnten.

Aus den Visionen wusste ich, dass die Komplexität Möglichkeiten erschaffen würde, wie man Kräfte und Energie manipulieren konnte, die nicht manipuliert werden mussten, die man aber teilen oder erwecken konnte. Diese Erfindungen, diese Kreationen würden später den Respekt vor der Gesellschaftsstruktur zerstören, die Achtung vor jenen, die weniger begabt waren als andere, und den Respekt vor der ewigen und unendlichen Weisheit des Göttlichen. Diese Prophezeiungen wurden aufgeschrieben und diskutiert. Allerdings zogen die Diskussionen keine Handlungen nach sich, da die Prophezeiungen zu unwahrscheinlich klangen.

In meinem siebenhundertsten Jahr in Atlantis entschloss ich mich, in den Geist zurückzukehren. Ich wusste, dass ich alles erreicht hatte, was ich durch meine Rückkehr auf die Erde erreichen konnte. In einem wunderschönen, doch sehr kalten Ritual ließ ich meine physische Form in der Obhut jener Priester zurück, die sich um die sterblichen Überreste kümmerten. Ich stieg in den Geist auf und vereinigte mich wieder mit meinem Höheren Selbst. Ich kehrte niemals nach Atlantis zurück.

Nach einer gewissen Zeit in der geistigen Welt inkarnierte ich mich in einem anderen Land. Und erst als ich nach dieser Inkarnation in die geistige Welt zurückkehrte, wurde mir klar, dass die Prophezeiungen meines vorherigen Lebens eingetroffen waren und Atlantis sich selbst zerstört hatte. Etwas, das so vollkommen war, wurde so verdorben, so verschmutzt in einer für kosmische Begriffe so kurzen Zeit.
In der Tat hatten die Atlanter weiterhin die Existenz Gottes in Frage gestellt. Mit der Zeit wurden dann auch die Entscheidungen, die Gesetze und die Herrschaft Gottes in Frage gestellt und gebrochen.
Sie hatten ihre wissenschaftlichen Erkenntnisse über eine falsche Realität benutzt, hatten illusionäre Methoden eingesetzt, um die Kontrolle über eine Illusion zu gewinnen, und mit der Hilfe und Unterstützung von außerirdischen Wesen einen Turm erbaut, in dem eine Energie hauste, die kraftvoll genug war, die Autorität Gottes in Frage zu stellen. Als sie anfingen, den Turm zu bauen, war es nur noch eine Frage der Zeit, bis Gott dieses Land vernichten würde. Natürlich hätten sie niemals wirklich die Autorität Gottes bedrohen können. Doch sie hatten die Ehre Gottes beschmutzt, wollten ihre manipulativen Kräfte über die ganze Erde verbreiten und den Plan korrumpieren, den Gott für seine Kinder in Gang gesetzt hatte.

Jenes gedankenvolle Leben, das ich in Atlantis geführt habe, und die Lehre meiner Geschichte sind der Spiegel eurer Gesellschaft heute. Die Menschheit ist vom Weg abgekommen. Sie hat versucht, ein Mysterium zu verstehen, das immer ein Mysterium bleiben sollte: das Mysterium Gottes. Sie geben Gott viele Namen, viele Gesichter und viele Religionen. Und obwohl die Antwort darauf deutlich und wahr ist, hat sich die Menschheit geweigert, die Verbindungslinien und das eine Licht zu sehen, das alle Religionen miteinander verbindet und aus dem all diese Facetten geboren sind und ihre Kraft gewinnen.

Die Menschheit hat die Wissenschaft missbraucht, um die Welt streng zu kontrollieren, die Elemente zu versklaven, Atome und Moleküle, die die Bausteine eurer Realität sind, gegen den natürlichen Fluss Gottes und seiner Schöpfungen zu manipulieren. Die Menschheit hat der Erde eine Zivilisation abgerungen, indem sie ihre Rohstoffe und ihre Schönheit rücksichtslos manipuliert und ausgebeutet hat. Die Menschheit folgt sogar wieder den Fußstapfen ihrer atlantischen Vorväter und baut fliegende Maschinen, manipuliert genetisches Material, klont Lebewesen und nutzt die zerstörerischen Kräfte von Lasern und der Atomenergie.

Es gibt aber noch Hoffnung für die Menschheit. Doch wenn die Erde wirklich gerettet und geheilt werden soll, bevor es zu spät ist, und wenn die Menschheit ihre eigene Göttlichkeit wiederfinden soll, was sie vor einem Schicksal bewahren würde, das weitaus schlimmer ist als der Tod, nämlich dem Schicksal der ewigen Wiederholung der Evolution, dann muss sich die Menschheit ihre Sünden, ihre Gier, ihr Verlangen nach Erklärungen und Wahrheit eingestehen.

Die Wahrheit ist, dass wir und Gott eins sind. Und wenn wir uns selbst vertrauen, dann können wir auch Gott vertrauen. Denn er ist unsere Göttliche Mutter und unser Göttlicher Vater und hat uns und die Welt, in der wir leben, mit den besten Absichten im Herzen und viel Mühe so vollkommen, wie es ihm möglich war, geschaffen.

Wenn wir uns nur dem Göttlichen und dem Göttlichen in dieser Welt hingeben könnten, wenn wir uns liebevoll mit unseren Brüdern und Schwestern verbinden würden, die in der Erde, im

Himmel, in den Wassern und dem Feuer und der spirituellen Natur unseres Wesens leben, dann würden wir in Frieden leben, wie wir es einst getan haben, und wären den Mysterien Gottes durch einfache Anmut näher als durch die Bemühung, das Unverständliche verstehen zu wollen.

Durch meine Inkarnation in Atlantis lernte ich die Neugierde der Menschen kennen, ihre unersättliche Gier zu wissen, wo und wann, wie und warum. Ich wusste, dass diese wenig lohnenswerte Fragerei der Grund für den Fall und die Zerstörung der Menschheit war. Wir dürfen diese Fehler nicht noch einmal machen, stattdessen sollten wir Glauben und Vertrauen in den Plan Gottes haben.

Meine Kindheit und Ausbildung

Alle Inkarnationen beginnen, wenn die Seele, das Höhere Selbst des Wesens, das zur Erde reisen möchte, herabschaut und sich aus den vorhandenen Lebensströmen passende Eltern, ein bestimmtes soziales Klima und eine Zeit aussucht, die dem Wesen Gelegenheit verschaffen, sein spirituelles Schicksal zu erfüllen, sein Potenzial hervorzubringen und seine karmischen Bindungen zu lösen. Das ist eine schwierige Entscheidung, die nur durch die multidimensionale Wahrnehmungsfähigkeit des Höheren Selbst erleichtert wird. Durch sie kann es alle Dinge und alle Möglichkeiten, die in der Zukunft vorhanden sind, wie ein schemenhaftes Muster gleichzeitig auf vielen Ebenen wahrnehmen.

Sobald der Entscheidungsprozess abgeschlossen und die Eltern ausgesucht sind, muss die Seele zu dem Ort und dem Zeitpunkt geführt werden, wo die Inkarnation eingeleitet werden kann. Das Höhere Selbst spaltet einen Teil von sich ab, verbindet ihn mit dem Leib der Mutter und haucht der wachsenden sterblichen Hülle nach der Empfängnis spirituelles Leben ein.

Aus meiner Empfängnis macht die Bibel ein heiliges Ereignis. Sie spricht von einer gesegneten Jungfrau, die durch die Befruchtung des Geistes schwanger wird. Das stimmt nicht ganz.

Joseph und Maria waren schon eine Weile zusammen und hatten bereits mehrfach versucht, ein Kind zu bekommen. Sie hatten dabei aber keinen Erfolg und irgendwann nahmen sie an, dass es nicht in ihrem Lebensplan vorgesehen war, Kinder zu haben. Damit fanden sie sich ab. Maria war eine Jungfrau im Herzen, im Geist und in ihrer Seele – also dort, wo es wirklich zählte. Der physische Körper ist genauso illusionär wie die Welt, in der wir leben. Und wenn von Reinheit gesprochen wird, ist gemeint, dass ein Körper nicht durch Drogen, Alkohol oder Viren verunreinigt sein sollte. Sexualität, der Zeugungsvorgang, das Verbinden von Energien und Formen, das Vereinigen von Herz und Geist, das „Liebe-Machen", ist ein wundervoller Vorgang. Die Menschheit sollte das soziale Stigma des Liebesaktes loslassen und anerkennen, dass er ausschließlich göttlich ist. Er ist Teil des Schöpfungsaktes, des Manifestierens in eine Form. Er ist das Verbinden und Gleichmachen von Mensch und Gott.

Gott veränderte die körperlichen Voraussetzungen von Maria, damit sich in ihr ein Körper entwickeln konnte, der stark genug war, meine Seele zu tragen und die Energie, die mich von Anbeginn meines Lebens durchfließen sollte: die Christusenergie.

Die Versuche, ein Kind zu empfangen, waren bislang immer fehlgeschlagen. Maria war nicht fähig, die Frucht des Kindes zu halten. Doch als Maria und Joseph endlich bereit waren und die Zeit für meine Rückkehr auf die Erde gekommen war, damit ich meine Inkarnationen vervollständigen konnte, fand eine Veränderung in Marias Körper statt und sie konnte Josephs Kind austragen.

Erzengel Gabriel, der Engel der Geburt, hatte Maria besucht und ihr erzählt, was sie über die Zukunft wissen musste. Er erklärte, wie sie schwanger geworden war und dass ihr Kind ein großer spiritueller Führer und Lehrer werden würde. Er wäre jemand, der mit der Zeit erreichen würde, dass die Menschheit sich selbst und die Welt neu wahrnehmen könnte, dass durch diesen Lehrer das große göttliche Licht leuchten würde, das durch ihn kommt, aber nicht von ihm. Er erklärte ihr, dass sie das Kind lieben und nähren müsse, es aber auch dem Willen Gottes zu überlassen hätte. Später hätte sie das Kind meinem Onkel Joseph von Arimathia zu überlassen, der mein Lehrer sein sollte. Maria erfuhr, dass sie auserwählt worden sei, da sie ein reines Herz hätte und in früheren Leben ihre Hingabe an Gott bewiesen hatte. Sie sei eine loyale und treue Dienerin des Lichts. Ihr wurde auch gesagt, dass man sie aufgrund ihres Lebensweges ausgesucht habe, der durch ihre Verbindung zu mir gestärkt und bereichert werden würde. Maria erfuhr von den Hochs und Tiefs, die sie aufgrund ihrer Liebe zu mir durchmachen musste, Details wurden ihr jedoch nicht gesagt.

Marias Leidensweg mit all seiner Traurigkeit und seinem Schmerz, den man hinter dem friedlichen Gesichtsausdruck ihrer vielen Porträts erspüren kann, begann im Grunde mit dieser Botschaft. Ihr wurde klar, dass dies das kostbarste Kind sein würde, das sie jemals haben würde, und dass es in gewissem Sinne niemals „ihres" sei, da sie es mit der Welt zu teilen hatte.

Maria erzählte Joseph, was passiert war. Joseph wurde sehr wütend. In jenen Tagen wusste man nichts über den Vorgang der Zeugung und der Geburt. Joseph hatte vermutet, dass die Kinderlosigkeit Marias seine eigene Schuld war, und als er hörte, dass sie nun schwanger sei, vermutete er, dass es nicht sein Kind sein könne. So kam Gabriel auch zu ihm und bestätigte, was Maria gesagt hatte, und erklärte ihm, was er wissen musste.

Joseph war kein Sterblicher. Er stammte nicht aus Gottes Geist, sondern aus Gottes Herzen. Er war ein inkarnierter Engel, den das kollektive Bedürfnis der Engel, Gottes Wünsche auszuführen, auf die Erde gebracht hatte, um hier zu lehren. Joseph war einer dieser unsichtbaren, in Fleisch geformten Agenten Gottes. Freilich wussten die Menschen nichts davon und oft genug erinnerten sie sich selbst nicht mehr daran.

Gabriel erinnerte Joseph daran, dass er auf die Erde gekommen war, um zu lehren, wie schon in vielen Leben zuvor; aber auch, um das Gefäß für meine Seele mitzuerschaffen und dabei zu helfen, meine Energie darin zu verankern, damit das Christuslicht durch diesen Körper fließen konnte. Joseph erfuhr von Gabriel, dass er für seine Rolle keine Anerkennung ernten würde, dass man ihn niemals wirklich sehen würde. Sein Leben würde eher unscheinbar sein, unbemerkt neben den Wundern von Maria und mir. Darin ging es ihm so wie meinem Onkel Joseph von Arimathia, dessen Leben nur jenen Menschen bekannt ist, die den spirituellen Weg gehen. Auch wurde er nie von der religiösen Fachwelt anerkannt.

Joseph war mein Vater, so wie Maria meine Mutter war. Und obwohl er wusste, dass er mich eines Tages der Welt überlassen musste, trug er zu meiner Erziehung bei und lehrte mich Stärke, Respekt, Autorität und alles, was ich brauchte, um ein Mann zu sein.

Maria gebar mich in bescheidenen Verhältnissen. Es stand ein besonderer Stern am Himmel und das Licht dieser kosmischen Konvergenz ruhte auf dem Haus, in dem ich zur Welt kam. Hier, an diesem einfachen Ort, besuchten mich die Menschen, wie es in der Bibel aufgezeichnet ist. Sie wurden von meinem und dem Licht dieses himmlischen Wunders geführt. Ich wurde verehrt und ich erhielt Geschenke, die mein Leben, meine Rückkehr, mein Wiedererscheinen feierten. Man brachte mir Gold, Weihrauch und Myrrhe, prophetische Symbole meiner göttlichen Souveränität und meines bevorstehenden tragischen Todes. Man schenkte mir auch einen Kelch, einen Gral aus Moldavit, den Dämpfen eines zur Erde gefallenen Sterns. Nachdem dieser Kelch beim Abendmahl seine letzte Verwendung gefunden hatte, brachte ihn mein Onkel nach Glastonbury in England, wo sich seine Energien mit dem Herzchakra der Erde vereinigten.

Das Licht meiner Geburt zog sofort die Dunkelheit an. Ja, wir wurden verfolgt, doch Gottes Macht beschützte uns.

Von meinem frühen Leben ist nichts bekannt. Es wurde nicht aufgezeichnet, da es so normal war.

Ich wuchs in bescheidenen Verhältnissen heran. Meine Eltern sprachen niemals über die Prophezeiungen und wir führten ein völlig normales Leben. Meine Geburt hatte das biologische Unvermögen meiner Mutter geheilt und sie gebar noch viele Kinder.

Ich wuchs heran wie alle Kinder. Ich war neugierig, intuitiv, interessiert, kreativ, müde, glücklich oder traurig. Manchmal konnte man durch die Worte, die ich sprach, mein Licht spüren. Manchmal erzählte ich auch aus meinen früheren Leben und manchmal konnte ich Dinge sehen, die andere nicht sahen. Ich wusste um Dinge, die andere nicht wussten. Und irgendwann entwickelte sich meine Heilkraft und ich befreite Kinder, Tiere und manchmal sogar Erwachsene, die meine Eltern besuchten, von ihren Krankheiten.
Stundenlang saß ich in der Werkstatt meines Vaters und sah ihm zu, wie er das Holz bearbeitete. Stundenlang sah ich meiner Mutter zu, wie sie backte und wusch und mit anderen Frauen sprach. Meine Mutter hatte sich durch meine Geburt sehr verändert. Wie es ihr Gabriel geboten hatte, sprach sie nicht

über mein Schicksal. Doch sie begann, ihr eigenes spirituelles Verständnis zu entwickeln. Es war, als hätte meine Geburt die spirituelle Wahrheit in ihr erweckt. Mit ihren Freundinnen sprach sie über die Dinge, die sie fühlte, wusste oder in Träumen gesehen hatte. Sie ermutigte sie, die Kraft ihrer Weiblichkeit zu entdecken, und erklärte ihnen, wie sie sich durch die Kraft der Jahreszeiten und der Mondzyklen stärken konnten. Das wurde zu ihrer eigentlichen Arbeit, die sie später selbst noch beschreiben wird.

So wuchs ich mit meinen vielen Geschwistern auf und bald, sehr bald, musste ich Abschied nehmen. Hinter mir lag eine normale Welt. Mein Vater war ein Zimmermann, meine Mutter eine liebende Mutter für ihre Kinder und für viele andere aus der Nachbarschaft. Ich verließ meine Geschwister, die ich sehr liebte. Ich sehe noch, wie ich meiner Mutter zum Abschied winkte. Sie trug wieder ein Kind in ihrem Leib. Und Hand in Hand mit meinem Onkel, zu dem ich mich schon immer hingezogen gefühlt hatte, verließ ich die Normalität meines Lebens und kehrte für viele Jahre nicht zurück.

Meine Mutter war nicht erfreut, als ich ging, und sie versuchte beim Abschied, ihre Tränen zu unterdrücken. Doch sie erinnerte sich an die Worte des Engels und wusste, dass nun die Zeit gekommen war. Mein Vater war nicht da. Seine Wut ließ nicht zu, dass er seine Traurigkeit und seine Tränen zeigte. Schon als der Zeitpunkt des Abschieds immer näher rückte, bekam er immer mehr Angst vor dem, was der Engel ihm über mein Schicksal erzählt hatte. Mein Vater war ganz in die Süße meiner Jugend vernarrt und konnte meinen Abschied nicht ertragen.

Er hatte versucht, mit Gott zu handeln. Er hatte gefleht und getobt. Er hatte seine Faust geballt und gefragt, warum ausgerechnet sein Sohn. Warum er, der so hell, so klug und so voller Freude war? Warum sollte dieser Junge auserwählt sein, die Leiden der Welt zu tragen?

Eine ganze Zeit lang hatte Gott ihm nicht geantwortet. Doch eines Nachts, in der Hoffnung, dass es seine Fragen und seine Schmerzen besänftigen würde, bekam Joseph in einem Traum mehr gezeigt. Sein Zorn legte sich, doch seine Traurigkeit vertiefte sich. Und von da an, wann immer er mich ansah, konnte ich die Tränen in seinen Augen erkennen.

Joseph hatte in mir etwas Kostbares gefunden: nämlich das Verständnis darüber, wer er selbst war. Er hatte Liebe, Unschuld und Reinheit gefunden, die ihn unbewusst an seine Heimat im Engelreich erinnerten. Zu sehen, dass all das in eine Zukunft voller Kummer und Schmerz ging, war einfach zu viel für ihn. Es brach ihm gewissermaßen das Herz.

Meine Abenteuer hatten jedoch gerade erst begonnen. Mit meinem Onkel reiste ich zu vielen Orten und ich lernte viele Dinge. Mein Leben stand am Anfang und meine spirituelle Erziehung ließ meine Seele und meine besonderen Gaben, die ich der Welt zu geben hatte, erblühen.

Das Christuslicht, die Maitreya-Energie, die mich durchfloss, war mir von den ersten Tagen meiner bewussten Erinnerung an vertraut. Ich nahm sie wahr als eine sanft schimmernde Säule von zartestem rosa Licht, die manchmal außerhalb von mir war und manchmal meinem Geist wortlos Botschaften übermittelte. Manchmal war diese Energie auch als Lichtschauer in mir und erfüllte meinen Körper so, dass mir schwindlig wurde. Sie half mir, einzuschlafen oder stark zu sein, sie ließ mich klar sehen und sie ließ mich heilen. Niemals hatte ich ihre Anwesenheit in Frage gestellt, denn ich dachte, dass es normal sei, dass jedermann eine solche Energie besaß. Erst sehr viel später erkannte ich, was diese Energie war, und akzeptierte sie als meinen Lebenszweck.

Nachdem meine Ausbildung fast abgeschlossen war, reiste ich nach Hause zu meinen Eltern. Meine Mutter war noch immer die Gleiche, die sie gewesen war. Die Kinder, die mittlerweile erwachsen waren, hatten das Haus verlassen und wurden von den Kindern anderer Leute ersetzt, um die sich meine Mutter kümmerte. Ihre kleinen Zusammenkünfte mit anderen Müttern waren mehr geworden und sie hatte nun eigene Jüngerinnen. Ihr inneres Auge hatte sich geöffnet und sie konnte merkwürdige und wundersame Dinge sehen und Kontakt zu den weiblichen Energien der Erde und zu ihrer eigenen Seele aufnehmen.

Mein Vater war ebenfalls noch ganz der Alte. Er war immer noch Zimmermann und unterstützte meine Mutter und die Kinder, wo er nur konnte. Er half den Menschen auf seine eigene Art, indem er weise Worte sprach, die einfach aus ihm herausflossen, obwohl er gar nicht darüber nachdachte. Mein Vater sorgte sich um das Wohl seiner Mitmenschen. Er heilte sie mit seiner Arbeit und dadurch, dass er eine Sanftheit zeigte, wie sie keinem anderen Mann zu eigen war. Er führte die Menschen unsichtbar, wie alle Engel, und doch konnte er seine eigene Göttlichkeit nicht erkennen.

Ich wurde herzlich empfangen und blieb für eine Weile. Dann musste ich wieder mit meinem Onkel abreisen, um meine Ausbildung zu beenden. Meinen Eltern fiel mein Abschied dieses Mal etwas leichter und sogar mein Vater lächelte. Doch was die Zukunft für uns bereithalten würde, wurde mit keinem Wort erwähnt.
Nach diesem Besuch sollte ich meine Eltern nur noch als verschwommene Gesichter in einer Menschenmenge wahrnehmen. Am Ende eines langen Tages verbrachten wir manchmal einige Augenblicke miteinander, bis wir gegessen hatten und schlafen gingen. Doch hatten wir nicht mehr diese Momente des Friedens und der Nähe wie früher.

In meinem Leben als Jesus hatte ich meine Eltern nur für eine kurze Zeit. Ich habe sie sehr geliebt und sie haben mich viel gelehrt.

Im Leben ist es wichtig, die Anfänge nicht zu vergessen, zurückzuschauen und das Opfer zu sehen, das unsere Eltern für uns gebracht haben, ganz gleich, wie ungerecht wir uns manchmal auch behandelt fühlen. Selbst wenn es nur zu Anfang unseres Lebens war, finden wir doch genügend Beweise ihrer starken Liebe zu uns, die viel tiefer ist als die Liebe, die wir für einen Partner oder Freund empfinden können. Es ist die Liebe für einen Menschen, dessen Körper man miterschaffen hat. Diese Art von Liebe ist weder zu beschreiben, noch zu erklären, noch mit irgendetwas zu vergleichen.

Die Lektion meines frühen Lebens ist: Ehre deine Anfänge, wie bescheiden, einfach oder kümmerlich sie auch waren. Betrachte die Dinge, die dich geformt und zu dem gemacht haben, der du heute bist, die dir dein Licht, deine Güte, deine Stärken, aber auch deine Wunden und deine Schwächen gegeben haben.

Schau dir deine Eltern an und erkenne die Opfer, die sie für dich gebracht haben. Danke ihnen, ob sie noch leben oder schon tot sind. Gedenke ihrer mit Liebe. Vergib ihnen ihre Verfehlungen. Danke ihnen für alles, was sie getan haben, und hoffe, dass auch du, ob du nun eigene Kinder hast oder ob du für andere Menschen sorgst, die dir wie Kinder werden, die Stärke und die Kraft in deinem Herzen findest, es genau wie deine Eltern zu machen oder sogar besser.

Erinnere dich stets daran, dass Liebe der Schlüssel ist. Und genau so stark, wie Gottes Liebe zu uns ist, so stark ist auch die Liebe unserer Eltern zu uns, ihren Kindern.

Mein Leben und mein Ende

Die Zeit verstreicht. Schnell für die einen, langsam für die anderen. Erinnerungen aus längst vergangenen Leben, Ebbe und Flut, Erfahrungen kommen und gehen und sind unvergänglich.

Ich habe viele Leben auf der Erde gelebt. Ich habe viele Menschen und Orte gekannt. Ich habe in vielen verschiedenen Kulturen und Religionen gelebt. Ich erlebte Tragödien und Schönheit, kannte Kummer und Trauer, Triumph und Freude.

Das Leben, von dem die meisten Menschen wissen, ist das, in dem ich meinen gegenwärtigen Namen erhalten habe: Jesus. Und über jenes Leben möchte ich heute sprechen.

Wenn ich zurückdenke, kann ich im Geiste jede Erinnerung erleben, als würde sie gerade geschehen. Ich kann die Wärme auf meiner Haut spüren, den Duft der Luft riechen, die Tränen der Menschen schmecken. Ich höre ihre Schmerzensschreie und ihre Freudenrufe. Ich fühle ihr Glück. Ich sehe die Landschaften und die Gesichter kristallklar. Und ich fühle, wie ihre Haut die meine berührt.

Wenn man das Leben transzendiert hat und auf Ebenen lebt, wie ich es tue, ist es eine merkwürdige Sache, Erinnerungen neu zu erforschen. Mein Bewusstsein hat sich mit dem Bewusstsein von tausend anderen verschmolzen. Zwar weiß ich, dass diese Erinnerungen die meinen sind, denn ich fühle sie sehr lebhaft. Und doch bin ich losgelöst von ihnen und beobachte sie, als würde ich ein Buch lesen.

Es wurden viele Dinge über mich gesagt, die nicht wahr sind. Die Bibel, die die am weitesten verbreiteten Berichte über mein Leben enthält, ist unglücklicherweise stark von ihren Autoren gefärbt. So hat sich ihr Inhalt mehrfach verändert, je nachdem, wer sie gerade abgeschrieben und bearbeitet hat. Die in ihr enthaltenen philosophischen Aussagen und spirituellen Lehren wurden immer wieder revidiert. Es wurde entschieden, die eine Zeile zu belassen und jenes Kapitel herauszunehmen – natürlich zum Besten aller.

Die Bibel wurde zum Werkzeug, um andere Menschen zu unterdrücken und zu kontrollieren. Sie wurde zum Drohmittel und zum Auslöser von Kriegen, denn verglichen mit ihrer ursprünglichen Form ist sie stark verändert worden. Doch ist die Wahrheit noch immer in ihr erhalten, verborgen zwar – symbolisch verschlüsselt. Die Bibel kann Menschen mit getrübtem Auge in die Irre führen und mit ihren Unwahrheiten betrügen. Sie kann die Menschen versklaven und sie vom Weg abbringen, der zu Gott führt. Doch jene Menschen, die ein durchdringendes Bewusstsein haben, lesen zwischen den Zeilen und sehen die verborgene und verschüttete Wahrheit. Ihnen schenkt die Bibel große spirituelle Wahrheit.

Und so bin ich gekommen, um einige dieser Missverständnisse aufzuklären, um einige der unpassenden Geschichten zu bereinigen und meine eigenen Wahrheiten mitzuteilen, die nach meinem Empfinden den Zweck meines Lebens besser darstellen können.

Ich beginne meine Geschichte an dem Zeitpunkt, der die größte Bedeutung für mich hatte.

Mein Onkel Joseph von Arimathia war ein ungewöhnlicher Mann. Er ist, genau wie ich, auf seinen spirituellen Weg vorbereitet worden. Seit seiner Geburt wusste Joseph ganz klar, dass es seine Lebensaufgabe war, eines Tages einen anderen zu lehren, der mehr erreichen sollte als er selbst.

Joseph lebte sein Leben in Selbstlosigkeit und Dienstbereitschaft. Obwohl er die Kraft und das Wissen gehabt hätte, hervorzutreten und das Wort Gottes zu verkünden, war ihm schon in jungen Jahren bewusst, dass ihm dies nicht bestimmt war. Er wusste genau, dass er seine Erfahrungen und die Früchte seines Lebens an einen anderen weiterzugeben hatte.

Ich habe ihn sehr bewundert und stehe bis zum heutigen Tage in seiner Schuld. Ohne seine Lehren, seine Geduld und seine Führung wäre ich nicht zu dem geworden, der ich nun bin.

Für viele Menschen hatte Joseph von Arimathia etwas Geheimnisvolles. Er war immer viel gereist und hatte viel gesehen. Er besaß ein ungewöhnlich gutes Gedächtnis, das sogar in frühere Leben zurückreichte. Joseph wusste um Orte, Kulturen und Religionen, in denen er einst gelebt hatte, und ab und zu erkannte er auch Menschen wieder, mit denen er frühere Leben verbracht hatte.

Joseph war seit frühester Jugend gereist und hat sich mit den Stätten seiner Vergangenheit, den Orten alter Weisheit und Kraft, neu verbunden. Und sein Kommen erfüllte alte Prophezeiungen, die von einem Mann sprachen, der ein Kind mit sich führte, das man spirituelle Wahrheiten lehren und dem man Kraft geben sollte.

Die ersten Reisen, die Joseph unternahm, dienten der Vorbereitung und verschafften ihm Beziehungen zu wichtigen Personen. So konnte er herausfinden, welche Erziehung er dem Kind ermöglichen konnte und welche Routen und welche Bekanntschaften sicher waren.

Joseph von Arimathia war Mitglied vieler Gruppen und Bruderschaften und seine Weisheit und sein Licht waren offensichtlich. Josephs Bereitschaft, zu helfen und zu heilen, zu führen und zu geben, sicherte ihm die Zugehörigkeit zu vielen Gruppen und die Gastfreundschaft an vielen Orten.

Dann trat ich in sein Leben und langsam wurde ihm bewusst, dass es nicht seine eigenen Kinder waren, die er lehren sollte, sondern mich. Ich war das Kind, für das er lebte.

Und so begann unser gemeinsamer Weg. Josephs Bewusstsein war im Vergleich zu meinem ungeheuer groß, obwohl ich seit frühester Kindheit gefühlt hatte, dass ich anders, dass mein Schicksal ein besonderes war. Das Wissen, das er besaß, die Art, wie er seine Emotionen kontrollierte, der Glauben und das Vertrauen, die er in sein Schicksal hatte, waren stark und inspirierend. Und mit dieser Zuversicht erzog er mich.

Die Kraft seiner Liebe und seines Glaubens an Gott, an sich selbst und auch an mich, seine Zuversicht in die Arbeit, die ich dereinst zu tun haben würde, waren nahrhafter für mich als Muttermilch. Sie bauten das Fundament, das ich für meine Zukunft brauchte. Unter großen Kosten und Unbequemlichkeiten reisten wir beide an Orte von großer Spiritualität und Schönheit. Joseph beobachtete mich. Und während ich heranwuchs und immer hungriger nach spiritueller Weisheit wurde, trat er langsam in den Hintergrund. Es war ihm klar, dass mein Bewusstsein sein eigenes in einem einzigen Augenblick klein erscheinen lassen konnte. Meine Entwicklung überstieg seine kühnsten Erwartungen und immer nährte er mich weiter, schenkte mir Zuspruch, Licht und Liebe. Immer wieder sagte er, dass ich die Kraft besäße, all das tun zu können, was mir nach und nach offenbart wurde.

In jenen frühen Tagen war ich nur auf das Licht der Seele ausgerichtet. Und selbst als die Zeit kam, in der ich selbst lehrte und heilte, in der ich Gottes Dienst auf der Erde antrat, sah ich nicht die Bescheidenheit und Frömmigkeit dieses Mannes, sondern nur die Notwendigkeit seiner Gegenwart und die Notwendigkeit seiner Aufgabe. Erst viel später fühlte ich die Unsicherheit, die in ihm steckte und die er tief in sich vergraben hatte. Ich fühlte seine Ängste davor, was wohl mit ihm geschehen würde, wenn seine Aufgabe mit mir erfüllt war. Ich fühlte den Neid und die Wut, die er unterdrückt und dem Willen Gottes untergeordnet hatte.

Unsere Reisen führten uns zu Klöstern und Bruderschaften. Ich lernte und wuchs und eines Tages war endlich die Zeit gekommen heimzukehren. Joseph trat in meinem Leben in den Hintergrund und manchmal war er gänzlich verschwunden. Ich sorgte mich nicht darum, da ich wusste, dass er sehr wohl fähig war, mit sämtlichen Schwierigkeiten umzugehen, die ihm das Universum auferlegte. Außerdem war ich mit anderen Dingen beschäftigt. Manchmal denke ich, dass ich wahrscheinlich nicht ein einziges Mal „Ich danke dir für alles, was du getan hast" oder „Ich liebe dich" zu ihm gesagt habe. Mein eigenes Schicksal verlangte meine ganze Aufmerksamkeit.

Joseph hatte damals noch nicht gewusst, dass seine Arbeit noch viele Jahre weitergehen würde, nachdem meine Aufgabe längst erfüllt war. Doch ich wusste, dass er später den Dank ernten sollte, den er nicht erhalten hatte, solange er mein Lehrer war.

Er war ein großer Lehrer und Führer für die Menschen und sie verehrten ihn damals so wie heute mich. Natürlich ist Verehrung nicht das Thema an dieser Stelle. Doch Verehrung ist eine Form von Anerkennung, die die meisten Sterblichen brauchen, um mit ihrer Arbeit fortfahren zu können.

Meine eigentliche Lebensaufgabe hatte nun begonnen. Bald wurde ich zu jenen Menschen geführt, die einen engen Kreis von Jüngern, Aposteln und Freunden um mich bildeten. Anfangs erfüllte mich meine Arbeit mit großer Liebe und Freude. Ich empfand es als wundersam, vor den Menschen göttliche Wahrheiten laut aussprechen zu können, die ich viele Jahre lang mit mir herumgetragen hatte. Ich wusste, wie ergreifend meine Botschaft war und dass es die richtige Zeit war, sie den richtigen Menschen mitzuteilen. Es war wundervoll zu sehen, wie sich ihre Gesichter veränderten, wenn die Puzzleteile sich in ihrem Geist zu einem klaren Bild zusammenfügten. Meine Weisheit teilte ich ihnen im Zusammenhang ihres persönlichen Lebens mit und so konnten sie die Wahrheit selbst erkennen, konnten durch sie alle Fragen beantworten und ihr Leben ver-

ändern. Die Wahrheit verlieh ihrem Leben Sinn und ließ sie ihr
Ziel erkennen.

Bald bemerkte ich die Einsamkeit in meinem Leben. Ich stellte
fest, dass ich immer allein gewesen war. In meinen Lehrjahren
hatte ich es niemals bemerkt.

Nun hatte ich keinen Weisen, keinen Onkel, keinen Vater und
keine Mutter mehr, an die ich mich wenden konnte, ausge-
nommen natürlich Gott, mit dem ich immer in Verbindung
war. Ich war allein auf der Erde, umgeben von Menschen,
deren Bewusstsein an mein eigenes bei Weitem nicht heran-
reichte. Ich war traurig und fühlte eine Leere in mir, die nicht
gefüllt werden konnte. Zwischen mir und meinen engsten
Freunden gab es eine Kluft, die nicht zu überbrücken war. Ich
war allein und wusste, dass ich für mein ganzes Leben allein
bleiben würde. Egal, wie viel ich sprach und lehrte, es gab
immer Dinge, die die anderen nicht sehen, nicht verstehen und
nicht nachvollziehen konnten. Ich war so anders, denn ich war
näher bei Gott. Damit meine ich nicht, dass ich Gottes Sohn gewesen bin. Ich war einfach näher am Punkt des Aufstiegs, am
Punkt der Meisterung meiner selbst. Ich war nahe daran, die
Beschränkungen der Erde zu überwinden und zu einem unbe-
schränkten menschlichen Wesen zu werden. Und der Christus, Lord Maitreya, dieses aufgestiegene kosmische Wesen,
durchflutete meinen Geist, mein Herz und jede Zelle meines
physischen Körpers, denn dieses strahlende Wesen hatte sich
seit meiner Geburt mit mir verbunden. Wenn wir sprachen,
sprachen wir, als wären wir eins, wenn wir sangen, sangen wir
in vollkommener Einheit und Harmonie, und wenn wir unsere
Hände auf die Kranken legten, konnten sie durch die fließende
Gnade des Christus geheilt werden. Mit dieser Energie war ich
anders und ich teilte mit diesem großen kosmischen Wesen die
Wahrnehmung von Gottes Sein. Mit den Menschen konnte ich
das nur durch die Worte teilen, die ich sprach, oder durch die
Dinge, die ich tat. Es gab in meiner Umgebung keinen, der von

solcher Strahlkraft erfüllt werden konnte wie ich. Keiner wäre dafür bereit gewesen.

Mein Schicksal breitete sich vor mir aus wie ein Teppich und mit jedem Schritt, den ich tat, konnte ich mehr erkennen. Ich wusste, welche Worte ich zu sprechen hatte und welche Beispiele ich geben sollte, wer zu heilen und wer zu segnen war, welche Menschen ich einzuladen hatte, bei mir und meiner Gruppe zu bleiben, und wen ich seinem eigenen Schicksal zu überlassen hatte. Ich wusste genau, welche Wirkung meine Worte auf die Menschen haben würden, zu denen ich sprach. Es war, als würde ich eine Geschichte leben, die ich eben erst gelesen hatte, teilweise so wundervoll, teilweise so traurig. Ich wusste, dass es Dinge gab, die ich weder mit meiner Weisheit, meiner Kraft, noch mit allen Engeln, mit denen ich in Kontakt stand, verändern konnte. Ich wusste, dass es Dinge gab, die es geben musste, dass es Menschen gab, die sterben mussten, und Menschen, die spirituell gebrochen davonlaufen würden. Ich blickte meinen Jüngern ins Gesicht und wusste, wer sich selbst das Leben nehmen würde, wenn mein Leben vorbei war.

In mir gab es einen Teil, der die Trauer überwunden hatte, der wusste, dass dies alles Teil eines großen Plans war. Diese Leben waren aufflackernde Erscheinungen an einem Nachthimmel von vielen tausend noch zu lebenden Leben. Und doch gab es einen Teil in mir, der weinte. Dieser Teil von mir war sehr traurig und, wie ich vermute, auch sehr menschlich, sehr sterblich. Sehr schnell hatte ich das Buch meines Lebens zu Ende gelesen und wusste, was getan werden musste.

Genau wie ich hatte sich Gott so viel mehr erhofft. Doch die Menschheit war noch nicht bereit. Bei manchen kam meine Botschaft an und meine Worte blieben noch lange Zeit nach meinem Tode erhalten. Durch sie bildete sich eine Form der heute existierenden Religionen, durch die sich meine Lehren verbreitet hatten. Sie wurden aufgezeichnet, bekehrten viele

Menschen und führten sie näher zu der Wahrheit, nach der sie so hungerten.

Obwohl ich mit meinen engsten Freunden und fortgeschrittensten Schülern oft über bestimmte Kernthemen gesprochen hatte, bemerkte ich, dass sie nicht glauben konnten, selbst die Kraft zu besitzen, mit der ich Wunder wirkte. Sie verstanden nicht, dass ihre Sicht der Wirklichkeit eine Illusion war und eine Beschränkung bedeutete, die man aufgeben konnte. Sie konnten die Vorstellung von einem Leben nach dem Tode nicht annehmen. Sie sahen nicht, was es wirklich bedeutete, wie es das Leben erweiterte, öffnete und uns die Möglichkeit schenkte, Tausende anderer Welten und Dimensionen zu erfahren.
Egal, wie viel ich von der Herrlichkeit des Himmels sprach, meine Schüler konnten es sich nicht recht vorstellen, konnten nicht glauben, dass es wirklich war.

Und so beschloss ich, mein Leben zu beenden.

Obwohl das Göttliche mich mein Ende bereits sehen ließ, hatte ich immer noch das Recht der freien Wahl: des Wie, Wo und Wann. Und mit jener Anmut und Gabe des schöpferischen Ausdrucks, die immer schon die Zentralthemen meines Lebens waren, erschuf ich mir ein spektakuläres Finale.

Ich besetzte die Schlüsselrollen mit Personen, die ich aufgrund ihrer archetypischen Persönlichkeit, ihres Karmas und der Lektionen, die sie für ihre Seelenentwicklung noch zu lernen hatten, auswählte. Und scheinbar kalt und rücksichtslos setzte ich alle Mitspieler auf ihre Plätze, damit sie das Drehbuch, das ich geschrieben hatte, ausführen konnten, sodass ich befreit und in die Ebenen des Lichts aufsteigen würde, in denen ich jetzt lebe. Ich handelte nicht mehr aus der Perspektive eines menschlichen Wesens. Ich war göttlich. Ich hatte meine Göttlichkeit erkannt und mit Hilfe des Christus konnte ich die Schwingung meiner Seele völlig auf die Schwingung Gottes ausrichten. Gottes Wille war mein Wille. Wir waren eins. Und deshalb war diese Manipulation gesegnet. Wie kalt und grob es auch ausgesehen haben mag oder noch immer aussieht, das, was geschah, musste genau so geschehen.

Bei meinem Abschied herrschte große Traurigkeit. Ich wusste, dass ich meine Freunde nie wieder mit meinen menschlichen Augen und mit dem gleichen Bewusstsein sehen würde. Bei einem Abschied herrscht immer Trauer, aber gleichzeitig auch immer Freude.
Es wäre falsch zu sagen, dass ich keine Zweifel gehabt hätte. Obwohl ich wusste, dass alles einmal vorbeigeht, machten mir die Schmerzen und die Leiden, die vor mir lagen, einige Sorgen. Doch es ging mir dabei eher darum, was die Zurückbleibenden durchzumachen hatten. Ich dachte nach und veränderte laufend den Plan. Doch ich merkte, dass daraus kein Nutzen entstehen würde. Und so nahm ich Abschied, stiftete meine Verräter an, besuchte jene, die mich durch ihre mangelnde Kooperation beziehungsweise gerade durch ihre Kooperation dem Tode weihten, und ich ließ es zu, gekreuzigt zu werden.

Als ich am Kreuze hing, wurde mir endlich klar, was ich für all diejenigen bewirkte, die ich geheilt hatte, denen ich Brot oder Wein gegeben oder die ich durch meine Worte genährt hatte, die zurückgelächelt hatten, die mit mir getanzt, getrunken und gelacht hatten. Alle, die mich kannten, die von meinem Tode wussten, all diese Menschen öffneten zum Zeitpunkt meines Todes ihre Herzen und ließen zu, dass die Energie, die zu jenem Zeitpunkt durch mich floss, die schwelende Glut ihres eigenen Christuslichts neu entfachte. Sie ließen zu, dass die Brücke zwischen Mensch und Gott, die seit atlantischen Zeiten verschwunden war, neu im kollektiven Bewusstsein der Menschheit und in jedem einzelnen Menschen verankert werden konnte.
Das Maitreya-Bewusstsein würde sie eines Tages zurück zu Gott führen. Und bis zum heutigen Tage glüht und flackert das Chris-

tuslicht in den Herzen der Menschen und im Bewusstsein der Menschheit. Damals wurde es entzündet, wenn auch nicht genutzt. Doch mit der Zeit wird es seinen Zweck erfüllen können.

Viele Menschen sahen mich sterben, sahen die Engel, die kamen, um mich nach Hause zu geleiten. Es wäre falsch zu sagen, dass dies keine gesegnete Befreiung gewesen wäre. Nicht nur Blut, Knochen und Fleisch mussten viel ertragen, auch die, die mich sterben sahen – was für Empfindungen! Und plötzlich waren sie wie ausgelöscht und durch Ekstase und Frieden ersetzt.

Natürlich kehrte ich zurück, es war Teil des Plans. Damit wollte ich den Hinterbliebenen eine letzte Möglichkeit geben, die transzendente Natur der menschlichen Seele zu verstehen. Ich wollte beweisen, dass meine Lehren wahr sind und dass wir wirklich weiterleben. Aber natürlich erkannten die meisten, die mich sahen und meine Worte hörten, nicht die Wahrheit, wie sie wirklich war, sondern glaubten, es sei einfach nur ein weiteres meiner Wunder gewesen. Sie glaubten nicht, dass es ein Wunder war, zu dem alle Menschen fähig sind.

Ich kehrte auch zu meinen geliebten Freunden zurück, die ich sorgfältig zu den Boten und Propheten des Neuen Zeitalters erwählt hatte. Sie mussten nun meine Arbeit fortsetzen. Ich schenkte ihnen einen weiteren Strahl des Christuslichts, damit sie den Menschen das benötigte Wissen bringen konnten, um die in ihnen erwachende Christusenergie entwickeln zu können; damit sie die Kraft empfingen, um sich selbst als göttlich begreifen zu können und dadurch zu wachsen und aufzusteigen.

Mein Leben als Jesus war durch meine vorangegangenen Leben vorbestimmt. Die späteren Leben einer Seele sind alle sehr kraftvoll und haben sehr intensive Momente. Das Höhere Selbst plant sie so detailliert und facettenreich, dass das maximale Lernprogramm des Lebens erfüllt werden kann.

Ich bin als Jesus auf die Erde gekommen, um die Menschen zu der einen Wahrheit zu führen: Wir sind alle Töchter und Söhne Gottes; wir sind nicht auf die Erde gesandt worden, um für Sünden zu büßen, die wir angeblich in einem Garten Eden begangen haben, der so nicht existiert hat.

Wir sind hier, um zu lernen und zu wachsen. Wir sollen erkennen, dass dieses Leben für uns so gestaltet wurde, dass wir daraus lernen können. Und wenn wir mit ihm fertig sind, erkennen wir, dass es nur eine Illusion war und dass unsere wahre Aufgabe ist, zu erkennen, dass wir hierhergekommen sind, um die Göttlichkeit unserer eigenen Natur und das transzendente Potenzial kennenzulernen, das uns zurück in unsere wahre Heimat führen kann, die im Göttlichen selbst liegt.

Meine Gleichnisse, meine Philosophien und Lehren wurden alle so gestaltet, dass sie genau in diese Richtung zeigten. Einige sind jedoch mittlerweile so irreführend, dass sie einen Menschen in die komplett falsche Richtung führen können.

Wenn man mich fragen würde, ob ich etwas bedaure, müsste ich das bejahen. Ich bedaure, dass man sich an mich nicht als eine Person erinnert, die gern gelacht, getanzt und gesungen hat. Wenn es angemessen war, ernst zu sein, war ich ernst. Doch ich war auch voller Freude, obwohl ich nur als traurige und ernste Figur überliefert worden bin.

Ich bedaure auch meine geheimnisvollen Worte. Wenn mir das Göttliche erlaubt hätte, in anderen Worten zu sprechen, hätte ich es getan. Doch die rätselhafte Natur meiner Paradoxa sollte die Menschen dorthin führen, sie allein lösen zu können. Es war nicht die Absicht, ihnen Weisheit mundgerecht zu verabreichen. Wie traurig, dass selbst heute noch manche meiner Rätsel von den meisten Menschen ungelöst und missverstanden sind.

Ich habe nur wenig von meinen Eltern, von Maria Magdalena und von meinen engsten Freunden gesprochen. Doch diese Geschichten werden am besten von ihnen selbst erzählt, denn sie haben jene Momente der Freude und der Trauer erlebt. Diese Menschen waren mir sehr nah, sei es durch ihr Verständnis oder durch ihren Mangel an Verständnis, sei es durch ihren Glauben an mich oder durch ihre Bereitschaft, ihr Leben zu geben, um meines möglich zu machen. Sie werden über ihre Leben das erzählen, was noch erzählt werden soll.

Erinnert euch an Folgendes: Wenn ihr ein Bild mit meinem Porträt seht und wenn ihr hört, was ich angeblich gesagt haben soll, denkt an mich bitte nicht als Leidenden, der aufgrund seiner Göttlichkeit so menschenunähnlich war. Stellt euch einfach vor, dass diese Worte von Lippen gesprochen wurden, die lächelten. Versucht mich einfach als Mensch zu sehen, der viel mehr verstanden und gewusst hat als die Menschen um ihn herum. Und dass dies gleichzeitig Segen und Fluch war. Erinnert euch, dass meine Gleichmütigkeit in dem Wissen wurzelte, dass alles, was ich bezeugte und erlitt, nur Illusion war. Meine Traurigkeit entstand, da ich begriff, dass mein Lebenssinn, die Botschaft, die ich zu verkünden hatte, auf so viele taube Ohren gestoßen ist. Ich möchte nicht, dass ihr um mich trauert. Ich möchte nicht, dass ihr mich bedauert oder verehrt. Ehrt und achtet einfach die Arbeit, die ich getan habe. Liebt mich bedingungslos wie in den Beispielen, die ich euch von meinem Leben gegeben habe, so wie ich euch bedingungslos liebe für das geistige Potenzial, das in euch steckt.

Maria

Mein Leben mit der Energie
der Göttlichen Mutter

Ich bin Maria, die Göttliche Mutter, Lady von Shambhala, Mitglied der Schwesternschaft des Lichts, Ernährerin der Menschheit, Botin von Frieden, Liebe und Freude. Ich bin gekommen, um von meinen Erdenleben zu sprechen, in denen sich mein innerstes Wesen herauskristallisiert hat. Das wird, so hoffe ich, meine Handlungsweise als Mutter Jesu erklären, soll zeigen, was nicht aufgezeichnet worden ist, und herausstellen, worin die Bedeutung der Kraft liegt, die ich repräsentiere und deren Botschaft ich überbringe.

Alle Dinge bewegen sich in Zyklen, in Wellen der Bewegung. Die Polarität, die sich bildete, als Gott die materielle Welt erschuf, das heißt die erste Polarität, die in eurem physischen Universum existierte, war eine Kraft, die sich auf der Erde durch Jahreszeiten und Zyklen manifestierte. Um im Bewusstsein der Menschheit Harmonie und Gleichgewicht zu erzeugen, war diese Kraft abwechselnd dominant und passiv: Licht und Dunkelheit, Aggression und Liebe, Männlichkeit und Weiblichkeit.

Wenn wir die Welt erhalten wollen, muss es unser Ziel sein, sie im Gleichgewicht zu halten. Keine Kraft darf über einer anderen stehen, darf stärker sein als die andere. Es dürfen nur Harmonie und Frieden herrschen.
Es ist Gottes Wunsch, dass sich die männlichen und weiblichen Kräfte des Universums und der Erde vollständig vereinigen und dadurch zur Ruhe kommen. Durch Einheit und die heilige Ver-

mählung von Vater Licht und Mutter Dunkelheit soll das Universum in seiner Evolution voranschreiten können.

Durch die Zeitalter hindurch haben die polaren Kräfte immer darum gekämpft, die Vormachtstellung zu erringen und über die Erde und übereinander zu herrschen. Sie wollten sich durch ihre Übermacht im Bewusstsein der Menschen verankern.

Wir sind dabei, uns aus einer jahrtausendelangen Phase des Patriarchats zu befreien, um die matriarchalische Kraft wiederzufinden. Wir hoffen jedoch, dass keine von beiden dominiert, sondern Harmonie herrschen wird. Denn das war nicht immer so. In der Vergangenheit hatte das Matriarchat die Kontrolle und die Macht über die Menschen.
Es wäre falsch zu sagen, dass das Patriarchat für Krieg steht und das Matriarchat für Frieden. Auch die weibliche Kraft besitzt eine dunkle Seite, die nicht gern gesehen wird. Es handelt sich um den weiblichen Aspekt, der gnadenlos ist, das Gesetz des Dschungels, jenen Teil der Natur, der nur durch Instinkte überleben kann, durch den Zusammenhalt der Familien, durch selbst abgesteckte Territorien und eigene heilige Orte.

Als das Matriarchat vorherrschte, gab es Toleranz und Gnade, aber auch Krieg. Das Patriarchat macht den Krieg zu einer logischen Sache. Es schien zwar so, als sei Krieg etwas Unnatürliches, Abstoßendes und ein Zeichen für den Niedergang der Menschheit, doch Krieg ist auch ein Teil des natürlichen Zyklus von Schöpfung und Zerstörung, Chaos und Ordnung, Tod und Wiedergeburt.

In allen meinen Leben habe ich die Kraft und die Gegenwart der göttlichen Energie verkörpert, unterstützt und verehrt. Zu allen Zeiten haben Männer und Frauen die Kraft des Göttlichen in vielen Formen hervorgebracht. In seinen frühesten Erscheinungen bezeichnete man Gott als den Herrn und die Herrin, den König und die Königin, den Vater und die Mutter von allem. Man sah Gott als ein Wesen, das in höheren Dimensionen existierte und in seiner Ganzheit unser Verständnis überstieg. Doch auf der Erde, in unserem begrenzten Universum, hat man das Wesen Gottes mit zwei Gesichtern, zwei polaren Energien wahrgenommen: als männlich und weiblich. Die weibliche Energie Gottes wachte über Geburt, Kreativität, Ernährung und Liebe. Die männliche Energie wachte über Tod, Zerstörung, Evolution, Struktur und Logik. Das waren die Regeln und Gesetze.

Und jeder Mensch richtete sich auf Gott oder die Göttin aus, je nach persönlicher Neigung. So verbanden sich die Frauen im Allgemeinen mit der Göttin. Das lag natürlich an der Ähnlichkeit ihrer physischen Voraussetzungen, ihrer Passivität, ihrer Empfänglichkeit, ihrer Sanftheit und ihrer Fähigkeit, schöpferisch zu sein. Männer haben sich eher auf die Götter ausgerichtet, die den Lebensfunken und den Samen in sich bargen und Dinge durch Gedanken und Handlung manifestierten. Männer waren rational, stark, beschützend und dadurch mit Gott verbunden. Es gab auch Menschen, die die Polarität überschritten, Männer, die sich mit der Göttin verbanden, wie Frauen mit Gott. Diese Menschen wurden verehrt, denn man sah in ihnen Wesen, die beide Kräfte besaßen: Sie konnten die Sichtweise des anderen Geschlechts einnehmen und verkörperten so das Versprechen, dass die Polaritäten sich eines Tages wieder vereinen würden. Später in der Geschichte wurden diese Menschen wegen ihrer Andersartigkeit verfolgt und man bezeichnete die Männer als weibisch und die Frauen als männlich, als wären sie durch ihre Polarität geschwächt und nicht gestärkt, als wären sie die Aussätzigen der Gesellschaft und nicht ihre Retter.

Mein Leben in Atlantis

Ich lebte in der Mitte der atlantischen Dynastie, als die mystischen Kräfte des alten Atlantis noch stark waren. Die Wissenschaft begann sich gerade zu entwickeln und wurde für Männersache gehalten. Wir Frauen sorgten uns wegen dieser neuen Faszination, doch letztlich kontemplierten wir weiter über die Mysterien der Göttlichen Mutter. In Atlantis gab es einen Tempel, der ihr geweiht war und in dem nur Frauen leben durften, die ihr Leben der Kraft, dem Fortschritt und dem Wohlbefinden der Göttin geweiht hatten. Anderen Frauen war es erlaubt, den Tempel zu besuchen, Gaben zu bringen und zu empfangen. Doch keinem Mann war es je gestattet, diesen heiligen Raum, das Land der Göttin, zu betreten.

Wir waren eine harmonische Gemeinschaft von Frauen, die die Kraft der Zyklen als Mädchen und Jungfrau, als Mutter und Nährende, als Alte und Weise anerkannten. Unsere Gemeinschaft war in diese drei Altersgruppen und Reifegrade aufgeteilt und jedes Mitglied hatte eine Aufgabe zu erledigen. Die Mädchen sollten die Wahrheit durch ihre Unschuld, Reinheit, Freude und ihr Licht begreifen. Die Mütter in der Gemeinschaft kümmerten sich um ihre eigenen Kinder und die Kinder von Atlantis, die nach ihrer Geburt in den Tempel gebracht wurden.

So war der Vorgang von Geburt und Fortbestand der Gesellschaft in Atlantis ein völlig anderer als in der heutigen Gesellschaft. Unsere höhere Sichtweise der göttlichen Wahrheit erlaubte uns, die Einschränkungen unserer Verpflichtungen und alle unnötigen Schuldgefühle loszulassen. Die alten und weisen Frauen benutzten ihre vervollständigte weibliche Energie, um mit den tieferen Schichten der Kraft von Mutter Erde und den Kräften der Göttlichen Mutter sowie den planetarischen Kräften Kontakt aufzunehmen. Sie nutzten diese kreativen Kräfte, um das Gewebe des Lebens aufrechtzuerhalten und neue Dinge auf der Erde zu erschaffen. Sie waren Mitschöpfer neben dem Göttlichen und Ausführende des göttlichen Willens.

Wir führten ein wundersames Leben voller Freude, Wunder und Frieden. Wir lebten harmonisch und arbeiteten Hand in Hand, um die Göttin in all ihren Erscheinungen zu preisen.

Diese Art des Zusammenlebens gab es auch in anderen Zivilisationen auf der Welt und gelegentlich lebte ich in einer von ihnen und führte meine Aufgabe fort, die ich für die Menschen und die Göttin tat.
Erst jetzt, in den späteren Tagen unserer modernen Gesellschaft, gibt es keine Priesterinnen mehr, die die übermächtige maskuline Energie der patriarchalischen Kräfte ausgleichen.

Doch die Göttin kehrt in unsere Gesellschaft zurück und mit ihr auch langsam ihre Energie, um das Ungleichgewicht der patriarchalischen männlichen Energie wieder auszugleichen. Erst vor kurzem hat sie sich mutig offenbart, als es darum ging, weibliche Priester mit ihrer weiblichen Kraft anzuerkennen, die sich aber nicht mehr in ihrer unausgewogenen Form als Feminismus, sondern in weiblicher Stärke, Einzigartigkeit und der Fähigkeit, mutig zu sein, ausdrückt.

Die weibliche Kraft erwacht wieder und wird weiterhin wachsen, bis die heilige Vermählung stattgefunden hat, bis die männlichen und weiblichen Kräfte sich auf der Erde gegenseitig wiedererkennen und die Harmonie und den Frieden wiederfinden, die zwischen beiden immer schon vorhanden war. Beide Seiten werden erkennen, dass zwischen ihnen kein Widerstreit bestehen muss, sondern Liebe und Freude herrschen kann.

Mit der Zeit wurde der Tempel der Göttlichen Mutter in Atlantis von Außenstehenden immer weniger besucht. Es kamen auch

immer weniger Priesterinnen, um eingeweiht zu werden und
ihr Leben im Tempel zu verbringen.

Das Gleichgewicht verlagerte sich immer mehr in Richtung der
ersten patriarchalischen Regentschaft. Atlantis fühlte sich mehr
und mehr vom Mystizismus weg- und zur Wissenschaft hingezogen. Der Tempel der Göttlichen Mutter war nicht mehr ein
Ort großer Kraft, Verehrung und Beratung, sondern wandelte
sich in einen Elite-Kindergarten, der die kleinen Atlanter wegen
ihrer großen geistigen Fähigkeiten auf ihre wissenschaftliche
Laufbahn vorbereitete. Heimlich versuchten wir noch, den Kindern den alten Weg nahezubringen, doch das Göttliche verfüg-
te, dass das, was geschehen will, geschehen soll. So beugten
wir uns der Weisheit des Universums und ließen den Verfall unserer Welt geschehen. Ich verließ meinen Körper, lange bevor
den Atlantern die Situation bewusst wurde, lange bevor es
Warnungen vor seiner Zerstörung gab.

Der Anfang meines damaligen Lebens war so reich und süß,
sein Ende so traurig und leer. So bewegte ich mich weiter von
Leben zu Leben. Ich war in Ägypten und verehrte die Göttin Isis.
Ich lebte als Aborigine und träumte mit Sophia, der großen Kosmischen Mutter. Ich lebte Leben, in denen ich die Göttliche
Mutter durch den Lebensbaum der Kabbala verehrte, und
schließlich, nachdem ich Kulturen und Länder in verschiedenen Körpern durchwandert hatte, fand ich mich wieder auf der
Erde als eine Frau namens Maria.
Der Aufstiegsprozess ist für jede Person anders. In der Inkarnation vor dem Aufstieg erinnern wir uns, wer wir gewesen sind,
wir wissen, was uns auf der Erde erwartet, als wäre dieses Wissen in unseren Geist geschrieben und wir müssten es nur noch
ausführen.

Mein Leben als Mutter Jesu

Mein Leben als Mutter Jesu war geprägt von Unwissenheit, Glückseligkeit, Ekstase, großem Schmerz und einem klaren Verständnis der Wunder und der Ehrfurcht vor dem Leben.

Wenn ich heute zurückblicke, sehe ich, dass ich seit frühester Kindheit auf meine Rolle vorbereitet wurde. Meine Eltern, deren Eltern und die Eltern ihrer Eltern hatten immer gewusst, dass es unter ihren Nachkommen eines Tages eine Person geben würde, durch die der Erretter kommen wird.

Als Kind bekam ich Dinge gelehrt, die sonst kein Kind erfuhr. Vieles erschien mir so natürlich und normal, dass ich es nicht hinterfragte. Doch mit der Zeit wurde mir klar, dass nur ich diese Dinge wusste. Mir wurde beigebracht, zu Engeln zu beten, durch meinen Geist zu sehen, mit meinem Herzen zu fühlen, den Gott und die Göttin zu ehren und mit der Großen Mutter, der Herrin der Welt, zu sprechen. Mir wurde bewusst, dass nicht jeder diese Wahrheiten kannte, und so verbarg ich sie in meinem Herzen – selbst vor meinem späteren Ehemann. Ich befürchtete, er könnte mich für verrückt halten.

Als der Engel Gabriel zu mir kam und mir die Botschaft von der Geburt meines ersten Kindes brachte, wusste ich, dass alle Geheimnisse, die ich verborgen hatte, jetzt angewendet werden wollten. Ich wusste, dass ich die in meiner Familie seit Generationen prophezeite Person war.

Alle Dinge, die ich vor Joseph geheim gehalten hatte, mussten jetzt ausgesprochen werden. Ich hatte große Angst, denn ich wusste, dass mir mein Kind in noch zartem Alter genommen würde, um auf seine Zukunft vorbereitet zu werden. Ich wusste, dass ich es nur ab und zu sehen würde und ihm bestimmte Wahrheiten beibringen konnte, die nur ich kannte. Auch wusste ich, dass sich, während er erwachsen wurde, sein Leben in meinem spiegeln würde und dass meine Arbeit nach seinem Tod erst richtig beginnen sollte.

Dieses Kind auszutragen war eine merkwürdig lichtvolle, göttliche und wundervolle Erfahrung. Es sprach in meinem Geiste zu mir und hatte die Stimme eines sehr sanften Mannes. Manchmal sah ich es in Träumen und Visionen und es strahlte in goldenem Licht. Ich hatte mein Kind mehr geliebt als alles, was ich sonst je geliebt hatte, und irgendwie fühlte ich, dass es ein Teil meiner Seele war.

Als sich die Geburt näherte, überfiel mich eine merkwürdige Ruhe und ich verlor alle Angst. Und als das Kind geboren war, behielt ich diese Ruhe – zwar nicht so intensiv wie zuvor, doch ich befand mich in einem fortdauernden Zustand der Akzeptanz und der Gnade. Ich brachte dem Kind alles bei, was ich einst gelehrt worden war, und ich wusste, dass die Geheimnisse, die in meinem Herzen warteten, später, zur richtigen Zeit, ausgesprochen werden würden. Dann, wenn er alt genug war und sie verstehen konnte. Als er mit seinem Onkel fortging, weinte ich, doch ich wusste, dass er wiederkommen würde, wusste, dass sich unsere Seelen in der Nacht, wenn wir schliefen, zusammenfinden und immer eins sein würden.

Während mein Sohn mit sich beschäftigt war, führte ich mein Leben ganz normal weiter. Joseph war durch den Abschied traumatisiert, doch auch er führte unbewusst Gottes Arbeit fort. Mir wurde klar, dass meine Arbeit mehr Aufmerksamkeit brauchte. So sammelte ich Frauen um mich, von denen ich wusste, dass sie die Kraft der Großen Herrin in sich trugen. Es waren Frauen, die der Führung bedurften, damit sie die Kraft, die sie im Inneren hatten, auch anwenden konnten. In kleinen Gruppen trafen wir uns in den dunklen Ecken kleiner Häuser und tauschten flüsternd unsere Lehren und Wahrheiten aus. Ich führte sie auf Reisen in ihr Inneres, damit sie dort ihre Kraft finden und hervorbringen konnten. Auf ganz eigene Art waren diese Frauen meine Jüngerinnen und meine Apostel.

Später reiste ich von Dorf zu Dorf und von Stadt zu Stadt. Ich sprach auf Hügeln und in verdunkelten Häusern, in Wäldern und in Gärten zu ihnen. Ich führte die Frauen zurück zur Quelle allen Lebens. Ich lehrte sie, wie sie die lebendige Strahlung und die Erde unter ihren Füßen wahrnehmen konnten, wie sie nachts die ätherische Kraft des Mondes berühren, wie sie die Kraft des Universums in ihren Fingerspitzen fühlen und die schöpferischen Zyklen in ihrem Leben erkennen konnten.

Als Jesus – nun ein Mann – zu mir zurückkehrte, teilte ich mit ihm die weiblichen Geheimnisse meines Herzens, die weiblichen Mysterien und Wahrheiten, und ich bemerkte, dass die heilige Vermählung, von der immer im Zusammenhang mit den Polaritäten gesprochen wurde, zwischen ihm und mir geschehen war. Obwohl die Zeit damals noch nicht reif war, konnte ich für einen Augenblick erkennen, was diese Harmonie wirklich bedeutete, und das gab mir den Mut weiterzumachen.

Nach seinem Tod unternahm ich mit den Frauen der Schwesternschaft, die bei mir geblieben waren, ausgedehnte Reisen. Ich reiste in heiliger Stille und mit freudigem Gesang und Gebeten nach England und nach Europa. Als die Zeit reif war, kehrte ich zurück. Mein Ehemann hatte nicht denselben Wunsch verspürt, doch hatte er mich in keiner Weise davon abgehalten. Wenn die Zeit es zuließ, verbrachten wir viele Tage zusammen und hatten so viel Freude miteinander wie am Tag unseres Kennenlernens. Während meiner Abwesenheit kümmerte er sich um die Kinder, und wenn ich zu Hause war, nährte und pflegte ich sie, wie es jede Mutter tut.

Zu dieser Zeit hatte ich bereits einige Offenbarungen. In meinem Leben konnte ich sehen, wie sich die Geheimnisse des Universums entfalteten, und ich wusste, dass es nun Zeit war zu gehen. Die Erde konnte mich nicht mehr erfreuen, aber auch nicht mehr bekümmern. Ich sah sie von einem übergeordneten Blickwinkel aus und konnte sie als die Illusion erkennen, die sie immer gewesen war.

Damals verließ ich die Erde, um niemals zurückzukehren. Wie ein Meteorit stieg ich hoch und höher in die spirituellen Ebenen, wo mein Bewusstsein und meine Seele in Ekstase aufgingen.

Meine Erdenleben waren Beispiele der Verpflichtung gegenüber meiner eigenen spirituellen Wahrheit. Ich ließ mich weder von den engstirnigen Gedanken anderer noch von den Urteilen und begrenzten Möglichkeiten meines Ehemanns davon abhalten, was mir das Wichtigste in meinem Leben war: der Erziehung meines ersten Kindes und einem Leben nach meinen spirituellen Wahrheiten.

Die Moral meiner Geschichte liegt auf der Hand. Es geht darum, die Göttliche Mutter und die Göttin in allen ihren Formen anzuerkennen. Es geht darum, zu sehen, dass sie Teil der Lösung, Teil des Großen Plans ist. Wir müssen sie in uns finden, wir müssen sie ausdrücken, damit sie uns helfen kann, göttlich zu werden. Es geht darum, unsere spirituelle Wahrheit zu leben und uns den Göttern hinzugeben, damit die Welt und das Bewusstsein der Menschen erneuert werden kann. Die Göttin ist in euch und überall um euch herum. Seht sie und lasst euch von ihr stärken. Wisset, dass sie euch alle liebt.

LADY NADA

Mein Leben als Maria Magdalena

Über die Jahrhunderte ging der Menschheit viel Wahrheit verloren. Sie verlor die Wahrheit ihrer Göttlichkeit, die Wahrheit der Schöpfungselemente, die Wahrheit der Selbst-Erleuchtung und die Wahrheit der Liebe und der Veränderung.

Unter diesen verlorenen Wahrheiten befand sich eine, die für das Wachstum der Menschheit sehr wichtig ist. Es handelt sich hierbei um die Wahrheit der Sinnlichkeit und der Freude.

Viele religiöse Gruppen lehrten ihre Mitglieder und Gemeinde, dass die sinnliche Freude zu den sündhaften Gefühlen gehört. Sinnlichkeit wurde ebenso wie Aggression als Feind betrachtet. Es wurde behauptet, dass sie keinem guten Zweck diene, nur ein Werkzeug des Teufels sei und die Menschen in eine materielle Welt aus Dunkelheit und Schmerzen verbanne. Doch die Wahrheit ist, dass das Göttliche die Welt erschuf, damit wir atmenden menschlichen Wesen die Sinnlichkeit der sich verändernden Jahreszeiten, die Sinnlichkeit der Nahrung, die Sinnlichkeit unserer Körper und aller Dinge genießen, die wir durch unsere Fähigkeit, zu hören, zu schmecken, zu sehen und zu tasten, fühlen können.

Als ich Maria Magdalena war, lebte ich, um die Menschen zu lehren, ihre Sinnlichkeit freudig anzunehmen. Es ist in der Tat wahr, dass ich dem dunklen Pfad der Prostitution folgte. Ich verkaufte mich an andere. Mir mangelte es an Selbstliebe und Selbstwertgefühl, doch ich sah im Leben keine andere Möglichkeit. In meinem Herzen fühlte ich, dass die Prostitution eine Sünde war, dass es ein Fehler ist, sich für diesen heiligen Akt zu verkaufen. Durch den Teufelskreis meiner eigenen Handlungen verdammte ich mich innerlich in die Hölle. Jesus rettete mich aus der Tiefe meiner Verzweiflung. Er zeigte mir, worin meine Sünde wirklich bestand, und lehrte mich, wie ich mich für das, was ich wirklich war, selbst lieben, ehren und achten konnte. Er lehrte mich, dass Schuld, Scham, Karma und Sünde nur Illusionen sind, und gab mir ein klares Verständnis dafür, was für die Seele gut ist und was für die Seele schlecht ist. Wir bestrafen uns für Verbrechen, die wir in längst vergangenen Leben begangen haben und an die wir uns nicht mehr erinnern können.

Jesus erklärte mir, dass wir unser eigenes Schicksal schreiben und dass ich mein Leben selbst in den Abgrund führte, weil ich an einem sehr großen Mangel an Liebe litt. Meine Eltern hatten mir keine Liebe geben können. Ich war immer eine Belastung für sie gewesen und so sah ich mich selbst als eine Last an und bestrafte mich schließlich für meine Existenz. Ich ließ zu, missbraucht zu werden. Ich ließ zu, ein Leben zu führen, das mir selbst sündhaft und falsch erschien.

Als Jesus mich errettete und mich befähigte, die Sünde loszulassen und mich selbst zu lieben und zu respektieren, entdeckte ich viele Dinge. Ich sah Jesus als meine einzig wahre Liebe, und tief in meinem Herzen wusste ich, dass ich ein Teil von ihm war und er ein Teil meiner selbst. Wir waren Seelengefährten, geboren aus der gleichen Seele. Doch darüber werde ich sprechen, wenn die Zeit gekommen ist.

Ich wiederum bemerkte in Jesu Leben einen Mangel an Freude, Lachen und Liebe. Und trotz meiner dunklen Vergangenheit wusste ich, wie ich Freude in das Leben anderer bringen konnte. Ich wusste, was sich gut anfühlte, was gut schmeckte und duftete. Ich hatte so lange in der Welt der Sinne gelebt, dass ich – wenn schon in Herzensdingen ungebildet – mich doch zumindest in der materiellen Welt und den sinnlichen Bedürfnissen des Körpers auskannte. Ich lehrte Jesus, wie er die sinnliche Freude in sein Leben zurückbringen konnte. Ich wusch ihm die Haare, kämmte seine Augenbrauen, verwöhnte ihn mit süßen Früchten oder bückte mich, um ihm eine Blume zu pflücken, damit er ihren Duft einatmen und ihre Schönheit bewundern konnte. Ich ließ ihn die Erde berühren und hielt ihn so lange wach, bis er die Sterne funkeln sah, oder ich zündete zehn Kerzen an, damit ihre Flammen ihn sanft in den Schlaf lullen konnten. Ich lehrte ihn, von Zeit zu Zeit seinen Blick vom Himmel auf die Erde fallen zu lassen, damit er die sinnlichen Freuden bemerken konnte, die Mutter Erde ihm bereitstellte.

Jesus erkannte die Wahrheit in meinen Worten und Handlungen. Jesus sah die Richtigkeit in meiner Absicht und meinen Taten, denn Gott hatte die Erde wirklich nicht geschaffen, damit wir sie ignorieren oder, ohne ihre Erhabenheit bewundert zu haben, transzendieren sollen. Gott erschuf diesen schönen Planeten, damit er uns ernährte, und zwar nicht spirituell, sondern rein physisch. Gott erschuf diesen Planeten, damit wir durch unsere begrenzten physischen Sinne die physischen Freuden der Wirklichkeit kennen mögen. Die Wirklichkeit ist in Wirklichkeit eine Illusion, so viel steht fest. Um Illusionen transzendieren zu können, müssen wir sie zuerst anschauen, um in ihnen den Schlüssel zu finden, der die Tür aufschließt und uns das Geheimnis sehen lässt.

Der Schlüssel ist nicht, dass die Illusion unserer Realität ignoriert werden sollte. Nein, wir müssen erkennen, dass dieser schöne Ort durch die Vorstellungskraft und Inspiration der Liebe des Schöpfers entstanden ist und dass es aus Liebe geschieht, wenn wir die Bedürfnisse unseres physischen Körpers erfüllen, und wir durch diese Liebe die Liebe Gottes anerkennen und sehen, wie unermüdlich er gearbeitet hat, um eine Welt von solcher Vollkommenheit für unseren Bedarf zu schaffen. Deshalb, ihr spirituellen Menschen auf der Erde, ignoriert nicht die Welt, in der ihr lebt, sondern genießt sie! Genießt alles, was sie euch zu bieten hat, und erinnert euch beim Genießen daran, dass Gott euch liebt.

Jesus, Maria und ich waren aus einer Seele geboren. Diese Seele hatte beschlossen, dass sie sich, um wachsen zu können, in zwei weibliche und einen männlichen Teil aufspalten wird. Jesus war der inkarnierte männliche Teil unserer Seele, Maria und ich waren die beiden weiblichen Teile.

Maria repräsentierte die Energie der Mutter, die Energie der Alten, die kühlende, beruhigende und nährende Energie, die mit ihrer Liebe und ihrer Weisheit aus Jesus, dem Jungen, Jesus, den Mann, machen sollte und ihn zur richtigen Zeit freigeben und seinem Schicksal überlassen würde. Ich dagegen war die Leidenschaft des Mädchens und der Jungfrau, die sinnliche Freude der Mädchenjahre. Ich wollte ihn nicht loslassen. Ich war der Teil, der an ihm festhielt und ihn daran erinnerte, dass es auch uns gab, die ihn nicht als Lehrer, Sohn oder Erretter liebten, sondern als Mann. Jesus war zwar erleuchtet und gottgleich, doch er war auch ein Mann. Er war inkarniert und durch seinen Körper an die Erde gebunden und sollte nun ein letztes Mal als Mann gesehen und geliebt werden. So gab es jemanden, der sich um ihn sorgte, der sein Herz liebte.
Sein Tod ließ mich nicht verzweifeln. Seit Langem war mir klar gewesen, dass solch ein Mann nicht festgehalten werden konnte, sondern mit allen, Gott eingeschlossen, geteilt werden musste. Ich wusste, dass ein Mann wie er nicht lange auf der Erde leben konnte, dass die Menschheit das nicht zulassen würde. Und ich wusste auch, dass sein Leben mehr war als sein physischer Körper. Denn wenn ich schlief, träumte ich, wie er mich beobachtete. Und als er von uns gegangen war, ruhte sein Blick auf mir so leicht wie eine Feder.
Nach seinem Tod wurde ich zu einer Schülerin seiner Mutter und blieb bei ihr, bis sie aufstieg. Danach lehrte ich selbst, bis ich in das Reich des Geistes einging.

In meinem Herzen wusste ich, dass Maria der Mond zu Jesu Sonne war und der Sommer zu meinem Frühling. In ihr habe ich Ruhe und Frieden gefunden, Heiligkeit und Nahrung. Und in mir fand sie die Jugend, die sie, wie einige sagen, niemals selbst besessen hatte.

Nun sind wir eins, ganz, verbunden. Und durch dieses vereinte Sein ist alles vollständig. Wir sind Leidenschaft, Liebe und Anmut und strahlen diese Eigenschaften durch das Licht unseres wahren Wesens auf die Erde.

Als ich im alten Atlantis auf der Erde gelebt habe, tanzte ich in den Tempeln und sang zu Ehren der wechselnden Jahreszeiten. Heute sehe ich, dass ich für Jesus das Gleiche getan und jede Veränderung auf seinem vorbestimmten Lebensweg als kosmisches und wichtiges Ereignis gefeiert habe.

Die Natur und all die Lebewesen darin sind es wert, gefeiert zu werden, denn sie tragen alle zur Entfaltung und zur Evolution der Menschheit bei. Und es wird gesagt, dass Gott beim Erscheinen jeder Blume gesungen hat. Und jedes Ding, das auf der Erde geboren wurde, erschien zur großen Freude Gottes.

Und so ihr auf eurem Lebensweg fortschreitet, ehrt nicht nur euer Vorwärtskommen, sondern auch das der anderen. Feiert die sinnlichen Freuden mit Lachen und Spaß. Lernt von der Unschuld der Kinder, die in ihrer Reinheit wissen, dass Freude der Schlüssel zum Glücklichsein ist – nicht Reichtümer und Ruhm, sondern Lächeln und Liebe.

Achtet auf eurem spirituellen Weg auch auf eure physischen Bedürfnisse. Und stellt sicher, dass ihr in eurem dringenden Bedürfnis, die Erde zu verlassen, auch Zeit findet, ihre Schönheit und ihre Wunder zu sehen.

In Unschuld, Reinheit und Freude segne ich euch mit meiner Liebe.

Saint Germain

Mein Leben in Atlantis

Durch alle meine Erdenleben zog sich ein bestimmtes Thema wie ein roter Faden. Es war direkt mit meinem göttlichen Ursprung, der Quelle meines Seelenlichts, verknüpft und gab mir Sicherheit auf meinem spirituellen Weg. Es half mir in unschätzbarer Weise, die göttlichen Aufgaben zu erfüllen, die vor mir lagen. Die Quelle meines Seelenlichtes war immer Teil von mir und meiner Entwicklung. Und doch war sie immer ein unsichtbares Mysterium.

Immer habe ich einzelne Menschen auf ihre spirituellen Aufgaben vorbereitet. Ich versorgte herausragende Persönlichkeiten mit den nötigen Anregungen, damit sie über ihre Herausforderungen und Hindernisse triumphieren und ihre Rolle im Großen Plan spielen konnten. Ab und zu wurde man auf mein Tun aufmerksam und manchmal wurde ich dafür sogar verehrt. Doch das lag eher an meinem mystischen Auftreten und an meinem Charisma. Mein wahres inneres Wesen wurde nur von wenigen erkannt. Kaum einer sah, dass ich lebte, um zu lehren.

Ob ich nun Merlin im frühen England war oder Joseph von Arimathia in der frühchristlichen Zeit, ob ich als Francis Bacon in der elisabethanischen Zeit oder als Priester im alten Atlantis lebte, der den mutigen Schritt gewagt hat, die verfeinerten Maßstäbe dieser einst großen Rasse wiederzubeleben: Immer wurde nur die Maske, die ich trug, gesehen und nicht das Motiv, das dahinter lag.

Das Göttliche lehrt uns, dass kein Mensch unbedeutender ist als ein anderer und dass wir wirklich alle gleich sind: Teile des universalen Puzzlebildes, ohne die es nicht vollständig wäre. Und doch scheint uns die Geschichte etwas anderes zu lehren. Sie zeigt uns, dass es anscheinend doch Menschen gibt, die wichtiger sind als andere. Menschen, die strahlen, die alle übertreffen und die beachtet werden. Doch die Geschichte lügt und betrügt. Sie besteht aus sensationellen Fakten, die die Lehrer und Führer, die unbesungenen Helden vergisst. Denn eigentlich waren sie es, die die Schachfiguren des Göttlichen an ihre Position gebracht haben; sie haben ihren Text gesprochen und ihre Rolle gespielt, wenn es nötig war – obwohl es nicht ihr eigener Text gewesen ist, er wurde ihnen von einem Weiseren eingegeben.

Das Universum teilt uns Rollen zu, die zu spielen uns oft Spaß macht. Ob wir nun Held oder Schurke, Lehrer oder König sind, ist wirklich gleich. Was aber zählt, ist, dass wir unsere Rolle gut spielen und dass wir alles tun, was dem Wohl der Menschheit dient.

Die erste Rolle, von der ich sprechen möchte, spielte im alten Atlantis.

Atlantis war ein Ort, der einst schön und erhaben und in seiner Mystik und Einfachheit einfach atemberaubend war. Doch Atlantis war auch ein Ort, der von den Menschen für ihre Bedürfnisse ausgenutzt wurde. Die Atlanter dachten nämlich, dass sie besser wären als das Wesen, das sie erschaffen hatte.

Atlantis hatte schon Tausende von Jahren bestanden und kannte die Rolle, die ihm zugedacht war. Atlantis wusste, dass es Vorbildcharakter für die anderen Kontinente besaß und die anderen Länder hätte lehren sollen.

Man könnte annehmen, dass jede Rasse auf Erden von einem solchen Auftrag Gottes angetan wäre. Doch die Atlanter waren nicht wie andere Rassen. Sie liebten es, Rätsel und Paradoxe zu lösen. Sie hatten die Generationen ihrer Inkarnationen erforscht, um die Mysterien von Raum, Zeit und den Dimensionen zu entschlüsseln. Und mit der Hilfe Gottes und ihrer Brüder aus dem Engelreich sowie befreundeter außerirdischer Wesenheiten ist es ihnen in vielen Fällen gelungen. Doch als ihnen das auf Dauer nicht genug war, suchten die Atlanter Antworten auf noch tiefere Mysterien, deren Antwort zu finden allerdings unmöglich war.

Eines dieser Mysterien war die Natur von Gottes Macht, ein anderes war, wo die Energie, die Gott mit solch einfacher Anmut benutzte, herkam und wie dieser Zauber funktionierte. Gott hatte immer wieder gesagt, dass es nicht die Aufgabe von Sterblichen sei, das Göttliche zu verstehen. Doch die Atlanter weigerten sich zuzuhören. Sie ignorierten Gottes Worte und begannen zu forschen. Ihre Forschung führte schließlich dazu, dass sie Komplexität erschufen, wo vorher nur Einfachheit war. Dies führte zur Geburt der Wissenschaft auf der Erde, auf der bis dahin nur Mystizismus existierte. Die Atlanter begannen, Kräfte in unnatürlicher Weise miteinander zu kombinieren. Sie nahmen die Energie der Erde und kombinierten sie mit der Energie des Himmels. Sie manipulierten die Kräfte des menschlichen Geistes und die Kräfte des Mineralreiches. Keiner der Beteiligten wurde um sein Einverständnis gebeten. Die Wissenschaftler waren der Ansicht, dass jemand, der sich weigerte, seine Kräfte freiwillig zur Verfügung zu stellen, das aus Angst oder Unwissenheit tue und deswegen übergangen, bedroht und gezwungen werden müsse. Die Atlanter waren der Ansicht, dass ihr größerer Plan so wichtig war, dass er vor allen anderen Dingen Vorrang hatte.

Das Streben und die Missachtung der Menschen, die Widerstand leisteten, ließ sie die Gesellschaft in verschiedene soziale Klassen aufteilen: Wissenschaftler und Mystiker, Priester und Mitglieder der königlichen Familien, die königlichen Garden sowie die „dummen" Untergebenen und Bauern, die weniger spirituelles Bewusstsein und hellsichtige Fähigkeiten hatten. Atlantis wurde zu einem Ort der Vorurteile und des Snobismus, der Verdächtigungen, des Konkurrenzdenkens und des Neides. Harmonie verschwand in den Hintergrund. Das trug sich zu der Zeit zu, als die Schwingung der Erde rapide abfiel und das bis dahin im Herzen zentrierte Bewusstsein der Menschen in den Solarplexus wanderte, wo Machtausübung, Trauma und Schmerz vorherrschten.

So wurde es von Jahr zu Jahr schlimmer. Atlantis war zu einer alptraumhaften Welt aus Missbrauch und Manipulation geworden. Auf allen Ebenen wurden Experimente ohne die Zustimmung der Beteiligten durchgeführt. Nur das Hohe Konzil musste sie genehmigen. Doch mittlerweile war dessen wichtigster Punkt auf der Tagesordnung, die eigenen Vorteile zu sichern.

Gen- und Energieexperimente, Quantenphysik, Raumfahrt, Lasertechnologie – all diese Dinge, die heute eure Gesellschaft bestaunt und für den Beweis eurer überlegenen Zivilisation hält, waren in unserer Gesellschaft damals die Zeichen von Verfall und Niedergang, von Trauer und Verhängnis.

Doch es war noch nicht alles verloren. Einige unter uns hatten das Gefühl der Liebe noch nicht durch Hass ersetzt und überlegten, wie sie die Fehler unserer Brüder berichtigen könnten. Dazu gehörte auch ein Priester, der mein Lehrer war.

Jener Priester hat heute den Rang eines kosmischen Aufgestiegenen Meisters inne und ist unter dem Namen „Salomon der Weise" bekannt. Er hatte von den Erzengeln der alten Tage eine Methode empfangen, mit der er jene Atlanter in ihrer Entwicklung fördern konnte, die weniger spirituell und hellsichtig waren als die höher stehenden Mitglieder der Gesellschaft. Salomon öffnete ihre Chakren und stimmte ihre Energien auf die höher schwingenden Ebenen des Bewusstseins und der Kraft ein. Gott und die Atlanter hofften, dass dadurch eine neue Qualität in Atlantis etabliert werden und die Weisheit wieder über die Unwissenheit herrschen könnte. Dieses System wurde „Inspiration" genannt und ich war einer der ersten, dem es beigebracht wurde. Mein Lehrer, der das System empfangen hatte, war damals bereits sehr alt und wusste, dass er, obwohl er der richtige Mann war, das System auf die Erde zu bringen, nicht der richtige war, es zu verbreiten. Er wusste, dass dies meine Aufgabe sein würde.

In jenem Leben begann mein wahrer Weg. Ich zog mich mit meinen Jüngern und Schülern in die Berge zurück, wo ich ihnen beibrachte, was ich gelehrt worden war.

Durch die Verbundenheit unseres Bewusstseins auf der Traumebene, durch Telepathie und Astralreisen riefen wir die Atlanter zu uns, die auf der Bewusstseinsebene bereit waren, die Macht, die wir verleihen konnten, zu empfangen. Waren es nun Priester, Wissenschaftler oder Bauern, wir riefen sie zu uns in die Berge und prüften, ob sie unsere Gabe empfangen konnten, jene Fähigkeit, die sie uns gleichmachen und ihre Augen öffnen würde, damit sie uns helfen konnten, die geistige Gesundheit in unserer kranken Welt wiederherzustellen. Das System der Inspiration beinhaltete das Aktivieren von Energiesymbolen. Mit diesem Schlüssel zu Schwingungen öffneten wir das Körpersystem unserer Schüler für höher schwingende Ebenen und schlossen sie an Energiequellen an, die sie mit vorher unerreichbaren Kräften versorgten. Es gab 364 Symbole. Sie wurden nach und nach aktiviert, um das Bewusstsein des Empfängers nicht zu überlasten. Jedes Symbol bereitete den Körper auf das nächste Symbol vor.

Das System der Inspiration war erfolgreich. Doch wir erreichten leider zu wenige und es war auch bereits zu spät.

Den Inspiratoren war klar, dass Atlantis von Gott zerstört werden würde. Einige von uns flohen. Ich war geistig gebrochen und entschloss mich, zu bleiben und die Zerstörung von Atlantis mitzuerleben. Einige Inspiratoren flohen nach Tibet, wo sie versuchten, das System der Inspiration weiterzugeben. Sie hofften, dass es den Menschen, die es empfingen, nützlich wäre, wenn die Schwingung von Atlantis in diesem anderen Erdteil aufgebaut sein würde.

Die Inspiratoren in Tibet waren vorsichtig und gaben nur fünf Symbole weiter an die Menschen, die sie wiederum auf telepathischem Wege riefen. Die Inspiratoren wollten sehen, wie die Menschen den veränderten Bewusstseinszustand verkraften und was sie daraus machen würden. Einige Menschen zeigten überragende Erfolge. Andere veränderten die Symbole, damit sie leicht manipulierbare, negative Energie erwecken konnten. Voller Entsetzen verließen die Atlanter die Erde. Sie hinterließen 21 Symbole in der Obhut ihrer besten Schüler und in Schriften, die sie hoch in den tibetischen Bergen versteckten.
Das System existiert heute wieder unter dem Namen „Reiki". Es ist zwar nicht komplett, einige Reiki-Meister haben jedoch Zugang zu den 21 Symbolen. Die anderen Symbole wurden längst gefunden, können aber auch von Menschen, die sie nie sehen werden, auf der Akasha-Ebene gefunden werden.
Das System, wie es heute angewendet wird, ist für die Menschen nicht mehr so nützlich, wie es früher einmal war. Es ist ein System, das eine bestimmte Eigenschaft erwecken soll. Es war nicht dazu gedacht, die bereits Erweckten zu erwecken. Viele Menschen, die den Verlockungen dieses Systems nachgaben und glauben, dass es das stärke, was bereits vorhanden ist, haben längst entdeckt, dass sie an eine andere Quelle angeschlossen wurden, die wesentlich begrenzter ist als ihre eigene Kraft. Natürlich kann diesen Menschen geholfen werden. Wenn sie jemanden finden, der die anderen Symbole wirklich besitzt, können sie an die höheren Ebenen angeschlossen und aus jener einschränkenden Energie befreit werden, die sie seither benutzen.

Doch diese Dinge liegen nun in den Händen der Menschen und diese werden entscheiden, ob sie das Wissen freigeben, das einst so frei geteilt wurde, damit die Menschen sich in Bewusstsein und Kraft immer ähnlicher werden und sie in Gedanken und Taten spiritueller werden können.

In der Geschichte tauchen immer wieder ähnliche Muster auf, die sich wiederholen. Wir in den aufgestiegenen Ebenen beobachten voller Erstaunen, wie die Menschen immer wieder dieselben Fehler machen. Sie lehnen das Spirituelle ab und nehmen das Wissenschaftliche an. Sie gehen den Weg der Eifersucht und versuchen Gottes Kraft zu lenken, aber nicht, sie mit ihren Mitmenschen zu teilen. Und diejenigen, die spirituell die ersten Schritte tun und sich mit lauter Stimme als Lehrer proklamieren, benutzen ihre Gaben nicht, um die anderen zu lehren, sondern nur, um ihre kleinen Egos zu nähren, damit jeder erfährt, dass sie spiritueller sind als andere.

Wenn ihr Erfolg haben und euren Planeten heilen wollt, müsst ihr euch von der Vorstellung der Überlegenheit freimachen. Folge den Wegweisern auf deiner Reise. Wenn du dich nur auf deine Wichtigkeit und Macht konzentrierst, dann wirst auch du wie Atlantis zerstört werden.

Denke über diese Worte und diese Geschichte nach. Die Muster der Zeit wiederholen sich, halten dir aber auch eine Möglichkeit bereit, sie aufzulösen.

Mein Leben als Merlin

Als ich Merlin war, konnte ich mein Bewusstsein darüber vervollständigen, wer ich war und für welche Aufgabe ich zur Erde zurückgekehrt bin. Obgleich ich damals noch nicht aufgestiegen war, stand ich doch kurz davor, kurz vor der

Selbstvervollkommnung. Und das war einerseits ein Geschenk, andererseits aber ein Fluch.

Seit frühester Kindheit war ich aufgefallen. Das lag wohl an meinem ungewöhnlichen Vater, an meiner verrückten Mutter und an meiner eigenen Absonderlichkeit. Natürlich gab es eine Menge Gerüchte. Die einen sagten, mein Vater sei ein Dämon oder ein Engel, die anderen sagten, er sei der Teufel selbst. Wieder andere behaupteten, er sei ein Wesen aus dem Elfenreich, das seine Gestalt verändert hatte, um meine Mutter zu betören oder sogar zu vergewaltigen. Ein weiteres Gerücht sagte, mein Vater hätte seine Gestalt verändert, um mich erschaffen zu können.

Ich hatte schon sehr früh Zugang zu meinen besonderen Fähigkeiten. So konnte ich in Ebenen sehen, von denen andere nicht einmal träumten. Ich sah die Elementale, das Elfenvolk und hatte Einblick in Reiche von großer Schönheit und tragischer Traurigkeit.

Schon in jungen Jahren wurde ich mir langsam eines inneren Wissens bewusst, das mich wie eine Hand durchs Leben leitete. Es führte mich zu Menschen und Orten, es öffnete meinen Mund und ermutigte mich, die merkwürdigsten Dinge zu sagen, die für mich überhaupt keinen Sinn ergaben. Doch sie öffneten denen die Herzen, die dabei waren, als ich meine Visionen beschrieb.

Bald nahmen mich die Druiden in ihre Bruderschaft auf. Sie wussten um die alte Prophezeiung und waren willens, mich zu unterrichten. Meine Schulung war klassisch, von Disziplin geprägt, außergewöhnlich und streng. Die besten Lehrer brachten mir ihre tiefsten Geheimnisse bei, die meistens meine eigenen Erfahrungen bestätigten. Sie halfen mir dabei, die Wahrheiten, die ich sah, zu entschlüsseln und zu begreifen. Je mehr ich wuchs und verstand, je mehr ich gelehrt wurde, umso mehr wurde mir klar, warum ich diese Unterweisung erhielt und warum ich zurückgekehrt war. All diese Einzelheiten meines Schicksals waren mir bekannt und sie verblüfften und beängstigten mich. Und als ich sah, wie sie langsam eintrafen, war ich nicht sehr erstaunt.

Ich wusste von Artus' Geburt lange Zeit, bevor sie stattfand. Ich wusste, wie er fallen würde, obgleich ich nicht sicher war, ob das, was ich sah, wirklich wahr werden würde. Die Zukunft ist nicht in Stein gemeißelt, sondern eher als Möglichkeit, als Umriss – als Blaupause – erschaffen. Der freie Wille des Menschen gibt der Zukunft erst ihre Form. Viel Zeit verging und zu meinem Bedauern sah ich Artus aufsteigen und stürzen – so wie ich es vorausgesehen hatte.

Mein Schicksal lag nicht darin, die Religion der Druiden zu fördern. Eher das Gegenteil war der Fall. Meine Aufgabe war, den Mann zu fördern, der irgendwann eine neue Religion einführen sollte, und ich wusste, dass diese neue Religion die alte, die mich zu dem gemacht hatte, der ich war, auslöschen würde. Sie würde das Gute meines Kultes und meines Standes vernichten. Es war Gottes Wille, dass die matriarchalische Gesellschaft, die Britannien dominierte und dabei war, sich weiter auszubreiten, ersetzt werden würde. Sie hatte die Äther mit ihrer Leidenschaft, ihrer Liebe und Kraft so durchsetzt, dass eine Veränderung notwendig wurde, um das Gleichgewicht auf Erden zu halten. In einer fernen Zeit, die ich niemals erleben würde, sollten die männlichen und die weiblichen Kräfte zusammenkommen, um eine vollkommene Einheit zu bilden.

Es war die Aufgabe des Matriarchats gewesen, die sanften Fundamente zu legen, auf denen das Christentum sich fest verankern konnte. Eines Tages würde beiden Seiten bewusst werden, dass die Antwort nicht in Beharrlichkeit und Macht lag, sondern in göttlicher Einheit, im harmonischen Verschmelzen beider Seiten.

Artus repräsentierte alles Männliche, alles, was inspirierend, auslösend und kreativ war. Von Kindesbeinen an wurde er durch meine Hand geformt und kannte und verstand die Wege der Göttin. Er achtete ihre Kraft und ihre Gegenwart. Artus wusste, wie Sonne und Mond am Himmel das Gleichgewicht hielten und wie die Druiden und die Priesterinnen in Britannien in Harmonie und Frieden lebten. Artus wusste, dass ihr gegenseitiger Respekt dem Fluss und der Harmonie der Jahreszeiten entsprang. All das war Artus bekannt, und doch wurde er zum Oberhaupt einer Religion, die er mit erstaunlicher Unklarheit wahrnahm. Artus fühlte, dass diese neue Religion das kriegszerrüttete Britannien wieder unter Kontrolle bringen würde und sich das Herzchakra der Welt dadurch wieder öffnen konnte.

Obwohl fast ganz Britannien die Göttin und den heidnischen Weg anerkannte, verlor das Land während der Zeit der Großen Mutter seinen Fokus. Die heidnische Religion hatte nicht die Verbundenheit der Clans mit den Grafschaften gefördert, sondern nur die Verbundenheit mit der Göttin und den Kräften der Erde. Leider fand dadurch nur die Erde ihr Gleichgewicht wieder, nicht aber der Mensch. Das Christentum wollte die Grafschaften und Britannien durch Angst zusammenschweißen. Hexen, Druiden, Priester, Zauberer und Weise wurden geächtet und verbannt. Ja, selbst die Kraft der Erde wurde verleugnet. Die Elementale hatten schon früh erkannt, was kommen würde, und sich wieder in ihre heimatliche Dimension zurückgezogen. Von den christlichen Fundamentalisten wurden sie für Ausgeburten des Teufels gehalten und angegriffen. Ritter machten aus den Elementalen Drachen und so wurden sie zum Symbol für das Heidentum. Die Tatsache, dass sie nun von Rittern gejagt wurden, besiegelte endgültig den Entschluss der Elementale zu verschwinden. Und sie verschwanden nicht nur, sondern verhüllten das Wissen der Menschen um ihre Existenz mit einem kraftvollen Zauberspruch. So bleibt zu hoffen, dass sie bald wieder auf der Erde erscheinen. Doch das kann wohl erst dann geschehen, wenn das Bewusstsein der Menschen sich so weit geöffnet hat, dass sie auch wirklich willkommen sind; doch dies scheint noch ein langer Weg zu sein.

Priesterinnen und Druiden sahen diese Entwicklung voraus und wussten, dass sie im Einklang mit der göttlichen Quelle stand. Sie zeigten jedoch trotzdem Widerstand. Denn es war ihre Aufgabe, das Christentum herauszufordern, um zu prüfen, ob es sich gegen die alte Religion durchsetzen konnte.

Meine Aufgabe lag darin, zuerst einmal Artus unter meine Fittiche zu nehmen. Das war einfach, denn sein Vater war ein Dummkopf. Ich sollte ihm das Wissen der Druiden beibringen und ihn damit auf sein Schicksal vorbereiten, das mir zwar bekannt, ihm aber nicht bewusst war. Meine Arbeit mit Artus ähnelte sehr der Aufgabe, die sich mir damals mit Jesus stellte, als ich Joseph von Arimathia und sein Lehrer war.

Und genau wie damals als Joseph war das eine einsame Arbeit. Ich hatte keinen Menschen, an den ich mich hätte wenden können, um meine Sorgen zu teilen. Ich hatte nur den Kontakt zur geistigen Welt, meine gespenstergleichen Freunde, die wohl sehr liebevoll, loyal und ermutigend waren, die ich aber nicht berühren oder umarmen konnte. Manchmal ging ich in die Wälder, umarmte die Bäume und ließ mich von ihren beruhigenden Seufzern und ihren Stimmen in meinem Geist wieder aufrichten. Meine Zauberei war meine einzige Fluchtmöglichkeit, mein einziger Freudenquell. Meine Visionen von diesem schönen Knaben hatten schon vor langer Zeit die Freude aus meinem Herzen gestohlen. Ich wusste, was das Leben ihm bringen würde, und ich wusste, dass ich ihn verlassen und seinem Schicksal überlassen musste, wenn meine Aufgabe erfüllt war. Alle Lehrer und Eltern müssen ihre Kinder loslassen und sehen, ob sie ihre Lektionen gelernt haben.

In Artus' Vorbereitungsphase lebte ich eine Zeit mit ihm auf Camelot. Ich wollte ihm die Risse in seiner Rüstung bewusst machen – seine ungesunde Leidenschaft für Morgaine La Faye, seine Halbschwester und der Grund für Guineveres bevorstehenden und unvermeidlichen Verrat. Ich hatte Artus alles über Seelengefährten und die Schwierigkeiten mit ihnen beigebracht. Immer wieder hatte ich von Jesus, Maria und Maria Magdalena erzählt, doch als die Zeit gekommen war, konnte Artus es nicht sehen. Seine Liebe für Guinevere war so stark, dass er ihre Untreue mit Lancelot, seinem besten Ritter, nicht sehen wollte, obwohl sie nicht sehr diskret vorgegangen war. Er sah nicht seine Verbindung, seine Ähnlichkeit mit Lancelot, und diese Blindheit ließ den Verrat geschehen. Artus öffnete erst seine Augen, als er den Ehebruch mit eigenen Augen sah. Doch statt mit Weisheit löste er seine Ehe im Zorn, schnitt sich damit von der Erde und von der Göttin ab und versuchte fortan, sie zu zerstören. Es gab nichts, was Guinevere hätte tun können. Artus war wie Lancelot ihre Zwillingsflamme und man durfte nichts anderes von ihr erwarten, als Lancelot zu lieben.

Für mich war die Zeit gekommen zu gehen und ich sagte herzlich Lebewohl.

Einige Legenden berichten, dass ich von Morgaine La Faye in einen Turm aus Luft oder an einem Ort tief in der Erde eingeschlossen wurde. Beides stimmt nicht. Wie die Naturgeister webte ich eine Illusion und ließ zu, dass die Menschen glaubten, mein Schicksal wäre besiegelt.

Manchmal kehrte ich zu Artus in seinen Träumen und Visionen zurück. Durch seine Suche nach dem Heiligen Gral war er in eine schlimme Situation geraten, und ich wollte ihm wenigstens einen Wink geben, wie er das Beste daraus machen konnte. Ich konnte Artus zwar nicht vor dem Tode retten, doch in der Tat war es mir möglich, ihn vor seinem schlimmsten Schicksal zu bewahren.

Artus starb durch die Hand des Kindes seiner Halbschwester, und als Morgaine La Faye starb, verschwand auch der letzte

große Zauber auf Erden unter die Haut der Göttin. Artus'
Schicksal war teilweise erfüllt, genau wie meins.
Die Welt, geschlagen und geschunden, existierte blutend weiter
und das Christentum, das ohne Artus' sanfte Führung so viel
unbarmherziger war, ergriff die Menschheit und drängte ihr
seine Wahrheiten auf.

Meine hellsichtige Schau war meine Freude und mein Unglück.
Meine Magie war mein großes Werkzeug und zugleich mein
Niedergang. Obwohl ich wusste, wie Himmel und Erde zu bewegen waren, konnte ich kein gebrochenes Herz heilen. Ich
konnte kein Auge öffnen, das sich durch vermeintlichen Verrat
verschlossen hatte. All das wusste ich und irgendwann konnte
ich dieses Wissen akzeptieren, ohne zu versuchen, etwas zu
verändern. Ich gehorchte Gottes Willen.

Die Aussage und die Botschaft jenes Lebens ist schlicht. Gott
hat für die Erde und für die Menschheit, seine Kinder, einen
Plan. Und dieser Plan beinhaltet, dass wir lernen, bestimmte
Dinge zu verstehen. Entscheidungen müssen getroffen werden
und durch die Irrungen und Wirrungen eines Lebensweges soll
sich das Bewusstsein der Menschen öffnen und erweitern.

Wir Seher wissen um die Möglichkeiten und versuchen, die
Menschen so zu führen, dass sie die richtigen Entscheidungen
treffen und die beste, schönste und leuchtendste Möglichkeit
ergreifen können.

Die Moral und die Lehre dieser Geschichte ist, dass jedes
Leben seinen Sinn und seine Bedeutung hat. Wir täten wohl
daran, unsere Aufgabe zu erfüllen, seien wir nun Heiler oder
Lehrer, Ritter oder Leibeigene. Wir täten wohl daran, uns mit
unserer Aufgabe zu begnügen, und damit, zu wissen, was
getan werden kann und was nicht. Auch ist es wichtig zu erkennen, dass einige von uns geboren wurden, Dinge zu wissen, die andere niemals erfahren werden. Und wie unver-

ständlich diese Wahrheiten auch sind, wir dürfen sie nicht außer Acht lassen. Selbst wenn wir ihnen ab und zu den Rücken kehren und so tun, als wären sie nicht vorhanden, wissen wir doch, dass sie es sind.

Eine weitere Lehre aus diesem Leben ist, dass besondere Gaben gleichzeitig Gnade und Fluch sein können. Mysterien haben ihren Sinn, genau wie Manipulation und Herausforderung. Und wir sollten alle Dinge gutheißen, wenn wir dazu bestimmt sind, auf diese Weise andere Menschen zu führen.

Und am Ende eines Tages, am Ende unseres Lebens müssen wir unser Vertrauen ganz in Gott legen und wir müssen glauben, dass Gott die Gründe und die Wahrheiten kennt.

Der Weg, der vor uns liegt, ist nicht immer so, wie er zu sein scheint. Ein ausgeglichenes Leben kann ein sehr stilles Leben sein und ein unausgeglichenes Leben kann den größten Fortschritt und die größte Entwicklungsmöglichkeit bieten.

Es war immer die Aufgabe der Druiden, kreatives Ungleichgewicht zu lehren. Ihre Methode war, immer in Frage zu stellen, was sie gerade gelehrt hatten, sodass die Grenzen des eigenen Glaubenssystems überschritten werden konnten.

Schreitet nun voran und lasst zu, dass alles, was ihr hört und lest, die Grenzen eures Glaubenssystems sprengt. Gebt euch nicht mit eurem Wissen zufrieden. Seid mutig und lasst zu, jeden Tag neue Dinge zu glauben und neue Möglichkeiten kennenzulernen, die euch von eurer Begrenzung befreien und euch sehen lehren. Doch gleichgültig, wie viel wir sehen, was wir sehen, ist nicht real. Hinter jedem Gesicht ist ein anderes Gesicht verborgen, hinter jeder Maske eine andere. Hinter jeder Wahrheit liegt eine andere Wahrheit, die im Widerspruch steht zu der Wahrheit, mit der wir es uns gerade so gemütlich gemacht haben. Widerspruch ist unsere einzige Hoffnung und kreatives Ungleichgewicht ist der Weg, um den Widerspruch zu ertragen, ohne verrückt zu werden.

Nehmt die Unebenmäßigkeiten eures Lebens an und folgt eurem Weg. Wisset, dass ihr nicht allein seid und dass Gottes Wissen und Wille absolut sind. Wenn ihr euch danach richtet, wird alles gut sein.

Mein Leben als Francis Bacon

Worte sind sehr kraftvoll und in meinem Leben als Francis Bacon habe ich diese Wahrheit besser erforscht und verstanden als in jedem anderen. Selbst als ich Merlin war und Worte kannte, die Tore zwischen dieser Dimension und tausend anderen zu öffnen vermochten, hatte ich die wahre Kraft hinter den Worten noch nicht verstanden.

In ihrer Essenz sind Worte kraftvoller und wichtiger als Handlungen oder Taten. Natürlich ist ein gelebtes Leben mit all seinen Handlungen und den daraus gezogenen Lehren kraftvoller als tausend Reden, doch es sind Worte, mit denen dieses Leben und diese Lehren aufgezeichnet werden, damit sie niemals vergessen werden können. Daraus folgt, dass die Handlungen und das gelebte Leben der Macht der Worte und der Art, wie sie gebraucht werden, ausgeliefert sind.

Seit Anbeginn der Zeit wurden Worte benutzt. Nicht nur, um die Wahrheit aufzuzeichnen und zu lehren, sondern auch, um die Wahrheit zu verbergen. Menschen, deren Intelligenz und Bewusstsein noch nicht so weit waren, die subtileren spirituellen Lehren zu erfassen und wohl zu gebrauchen, übersahen einfach die Perlen spirituellen Wissens, die in den Geheimlehren von Priestern und Meistern für jene mit feinerem Geist und feineren Augen überliefert wurden. Diese Weisen wollten das Licht nur denen bringen, die das Bewusstsein hatten, es zu empfangen, und die Liebe besaßen, es weiterzugeben. In der Bibel und anderen alten Schriften, in den Zauberbüchern der Magier und Mystiker, den Überlieferungen der atlantischen Priester und ägyptischen Hexen, wurden immer Verschlüsselungen, Chiffrierungen, Metaphern und Symbole benutzt, um die tiefsten Bedeutungen in Fabeln und Mythen zu verstecken. Und genau so war es auch zu meiner Zeit als Francis Bacon.

Bewusstsein kam immer in flüchtigen Momenten der Wahrheit.

Die hohe Stellung meiner Geburt und mein edles Blut ermöglichten, dass bestimmte Energien durch mich fließen konnten. Seit atlantischen Zeiten waren Menschen von königlichem Blut fähig, sich mit den Elementen und den mystischen und magischen Kräften der Erde zu verbinden. Meine Vorliebe für Poesie und Sprache, meine Begeisterung für Geschichten und fantastische Wahrheiten, für Mythologie und Geschichte, meine Vorstellungskraft, meine Fähigkeit, die Visionen meines Geistes in Worte zu fassen, die als Monolog, Gedicht oder Sonett gelesen werden konnten, um einen geliebten Menschen zu betören – Stück für Stück wurden diese Fäden meines Lebens durch meinen sich schnell öffnenden Geist und mein Herz zusammengewebt. Ich begann, mich teilweise daran zu erinnern, wer ich gewesen war, wer ich bin und was ich zu tun hatte.

Wie in meinen anderen Leben sollte ich auch dieses Mal unsichtbar bleiben. Natürlich kann es nützlich sein, so sichtbar wie möglich zu sein – doch je mehr man beachtet wird, umso schneller kann man auch vergessen werden. In jenem Leben ist es jedoch wichtig gewesen, mich hinter einer Fassade zu verstecken. Ich suchte mir einen Handlanger, einen Narren, der meine Rolle in der Gesellschaft übernehmen konnte. Er sollte den

Ruhm für meine Taten und Bemühungen ernten, und so wählte ich einen Schauspieler, der die Ironie dem Drama vorzog und für diese Rolle geeignet war. Shakespeare nahm meinen Platz ein und beanspruchte den Ruhm für meine Arbeit. Er spielte seinen Part, machte den Narren und glänzte. Er griff Meisterwerke aus der Luft, die durch ihren dramatischen Schliff, die einfallsreichen Handlungen und ihre hervorragende Sprache bis zum heutigen Tage hoch über allen anderen stehen.

Manchmal machte mich meine Handlungsweise traurig und wütend. Doch tief in mir kannte ich den Grund und den Sinn und schätzte meine Anonymität. Sie erlaubte mir, mich voll und ganz auf mein Werk zu konzentrieren.

Stück um Stück, Sonett um Sonett schrieb ich, und in den Worten lagen versteckt die Mysterien von vor langer Zeit gelebten, von der Menschheit längst vergessenen Leben. Erleuchtende Wahrheiten wob ich darin ein. Sie kamen als Segen von Gott und sie flossen in mein Herz und meinen Geist. Dass diese Wahrheiten nicht während meiner Lebenszeit erkannt werden würden, wusste ich. Sie sollten erst zu viel späterer Zeit, wenn die Welt ihrer bedurfte, entdeckt werden. In die Dialoge und die Struktur der Geschichten waren Worte und Invokationen von großer Kraft verwoben. Und Menschen, die diese Kraft in ihrer Seele fühlen, können sie finden. Die Zauberer und Priester, die sich heute wieder inkarnieren, werden die Wahrheit wieder entdecken, wenn sie auf das Gefühl in ihrem Bauch achten. Gleiches zieht Gleiches an, und wenn sie die Worte aussprechen, werden sie die uralte Kraft kennenlernen, die in ihnen verborgen liegt. Sie werden sie nutzen können, um die Erde von der Illusion und der besessenen Machtausübung zu befreien.

Worte sind manchmal das einzig Bestehende, das einzige, was wichtig ist und die Kraft hat, zu retten.

Lasst euch deshalb nicht von den Aussagen in die Irre führen, dass Worte nichts wert sind, denn in der Tat können sie das Schicksal von Nationen besiegeln. Sie können jemanden in den Himmel bringen oder in die Flammen der Hölle verdammen. Sie können inspirieren, stärken und erhellen oder sie können die hellste Flamme in ewige Dunkelheit verwandeln. Sie können verhindern, dass Licht den Geist und das Herz eines Suchenden erhellt, der tausend Bücher liest oder sich tausend Reden anhört.

Gott gab uns die Macht des Klanges, die Macht der Worte, und ein starkes Wort kann, gesungen oder gesprochen, sowohl Frieden als auch Wahrheit bringen. Wenn du den spirituellen Weg gehst, dann beachte diese wichtige Lektion.
Wenn wir innerlich wachsen, wächst auch unsere Macht. Unsere Worte bekommen dadurch mehr Bedeutung als je zuvor. Sie werden in ihrer Essenz realer, als wir es mit unserem Fleisch und Blut sind. Worte, unachtsam ausgesprochen, können eine Person stürzen, und Worte, gesprochen als Segnung, können heilen und Wunder wirken. Worte sind die Manifestation unserer Gedanken und des Verlangens unseres Herzens.

In aller Ehrlichkeit möchte ich sagen: Seid vorsichtig mit euren Worten. Benutzt sie in der tiefen Erkenntnis, dass sie Kraft und Bedeutung haben.

Die Lehre meines Lebens ist einfach: Gehorsam gegenüber Gott und dem Herzen. Das habe ich in allen meinen Leben gelernt. Und es gibt eine weitere Lehre: Das Leben, das wir führen, mag vielleicht keinen großen Einfluss auf die Gegenwart haben, sondern eher auf die Zukunft, die wir höchstwahrscheinlich selbst nicht mehr erleben. Manchmal sind wir hier, um einer Sache den Weg zu ebnen, von der wir vielleicht niemals erfahren, die aber ohne unsere Hilfe und Mühe niemals geschehen könnte.

In jenem Leben war ich Chronist spiritueller Weisheit und

Wahrheit, war ich Sendbote der Macht des Wortes. Meine damaligen Worte sollten aber erst das Leben von Menschen berühren, die Hunderte von Jahren nach meinem Tod lebten. So lebte ich mein damaliges Leben für jene Menschen und nicht für meine Zeitgenossen, denen meine Identität verborgen bleiben musste, damit sie meine Worte in aller Unschuld und Reinheit annehmen und ihre wahre Magie in ihnen finden konnten. Wenn Menschen in mystischen Texten nach bestimmten Worten der Macht suchen würden, sie könnten sie nicht erkennen, selbst wenn sie ihnen direkt auf die Stirn geschrieben wären. Unsichtbarkeit hat ihren Sinn. Sie kann der Garant für Erfolg sein.

Wenn dir also eine Aufgabe übertragen wird, von der du weißt, dass du in deinem Leben das Resultat nicht sehen wirst, verzweifle nicht. Diese Aufgabe ist genauso wichtig wie die jener Menschen, deren Werk noch zu ihren Lebzeiten Früchte trägt. Wenn es sein soll, dass du unsichtbar bist, dann nimm es so an. Ruhm hat einen hohen Preis. Er hält uns davon ab, unsere Aufgaben, die die Quintessenz unseres Lebens darstellen, ehrlich und integer zu erfüllen. Und wenn du die Texte alter Schriftsteller liest, pass gut auf und lass dich von deinem Herzen zu ihrer Kraft führen, und wenn du dafür empfänglich geworden bist, wirst du auch deine Worte mit Vorsicht wählen. Lasst uns nur in sanften Worten sprechen, die der Welt Liebe entgegenbringen und nicht Schmerz und Leid.

Dies sind meine Worte an dich.

Gesegnet seien alle, die das Wort benutzen.

Mein Leben als Christoph Kolumbus

Einst lebte ich auf Erden als Forschungsreisender und als Kapitän eines Schiffes. In jenem Leben wurden die Träume meiner Jugend wahr. Durch meinen Fleiß und meinen Ehrgeiz hatte ich erreicht, dass man mir erlaubte, über die Meere zu segeln und meine Mannschaft zu fernen und geheimnisvollen Orten voller Schönheit zu bringen.

Das Leben als Seemann war für einige ein Fluch, wie ein Gefängnisaufenthalt, für andere aber ein Weg, gutes Geld zu verdienen, das sie ihrer Familie zuschicken konnten. Seemann zu sein bedeutete Freiheit und gleichzeitig Pflicht. Es bedeutete, das eigene Leben und das Leben seiner Anempfohlenen in Gottes Hände zu legen. Seemann zu sein hieß, sich in Gottvertrauen zu üben.

Als Christoph Kolumbus war ich mir der Pflichten gegenüber meinen Herren immer bewusst. Doch besaß ich ein größeres Verständnis als sie, eine größere Bewusstheit, die ich niemals gewagt hätte, in Worte zu fassen. Ich fürchtete, dass man mich in Ketten gelegt und in die tiefsten Verliese gesperrt hätte. Meine Gedanken und mein Verständnis der Dinge wären nicht als die Wahrheit eines spirituellen Mannes erkannt worden, sondern hätten mich zum Verrückten gestempelt.

Seit frühester Jugend war mir bewusst, dass mein Leben einen verborgenen Sinn hatte. Ich wusste, dass Gott mich einsetzte und mich zu Menschen und Orten führte, an denen ich bestimmte Ereignisse auszulösen hatte: Große Transformation und große Veränderung im Leben der Menschen, bei den Geschäften des Staates und in der Bewegung der Welt sollte ich bewirken.

Ich wusste, dass Segeln mein Schicksal war. In den dunkelsten Momenten, als es völlig unmöglich erschien, dass sich meine

Träume verwirklichen, als alle anderen verzweifelten und ihren Glauben verloren, wusste ich immer noch, dass Gott mich führte. Es wäre unwahr zu behaupten, dass ich den Grund gewusst hätte. Ich kannte ihn nämlich nicht. Und es war mir auch niemals wichtig, das „Warum" zu kennen. Ich folgte meinem Herzen und mein Herz führte mich in Abenteuer und Erfahrungen, die mir Freude und Staunen einbrachten. Und nur das war mir wichtig. Alles andere schien neben diesen göttlichen Gefühlen der Wahrheit so gewöhnlich.

Es ist merkwürdig, auf See zu sein. Man ist ganz in Gottes Hand, den launischen Kräften des Windes ausgeliefert, und muss sich den Weg mithilfe der Sonne und der Sterne bahnen, ohne genau zu wissen, ob man einer falschen Route folgt. Ein Kompass ist so zerbrechlich und die Sterne scheinen sich manchmal frei am Himmel zu bewegen.
Auf See verändert sich die Wahrnehmung der Welt radikal und es gab Zeiten, in denen Todesangst umging. Einige Mitglieder der Mannschaft kannten die Wahrheit und fürchteten, dass wir alle sterben müssten. Die Vorräte gingen zu Ende, kein Land war in Sicht, der Wind war gegen uns und die raue See schlug gegen den Bug unseres Schiffes.

Ich blieb jedoch ruhig und legte mein Schicksal vertrauensvoll in Gottes Hände. Selbst als die Stürme wie aus dem Nichts auftauchten und unser Schiff herumwirbelten wie eine Feder in der Luft, wusste ich, dass wir in Sicherheit waren und uns der Sturm dorthin tragen würde, wo wir hinsollten. Und tatsächlich führten uns unsere Reisen zu schönen Orten, zu wundersamen Menschen und Kulturen, spektakulären Schätzen, Inseln, Dingen, die unser Leben – und unsere Taschen – unermesslich bereicherten. Erfüllt von neuen Entdeckungen und Erfindungen segelten wir heim. Und da den Mächtigen unsere Schätze gefielen, garantierte uns das weitere Reisen.
Natürlich gab es Zeiten, in denen unsere Anwesenheit an bestimmten Orten mit der natürlichen Ordnung kollidierte. Der

berühmteste Ort ist natürlich Amerika, dessen Entdeckung die Zerstörung der natürlichen Ordnung und Schönheit, der natürlichen Kraft und Wahrheit einleitete.

Damals wusste ich, was passieren würde. Ich beobachtete, wie Menschen etwas Jahrtausendealtes einfach zerstören konnten, nur weil sie nichts darüber wussten. Damals gab ich mich mit dem Glauben zufrieden, dass Gott mich einsetzte, um durch seinen Zorn Klärung und Bestrafung zu bringen. Diese Menschen mussten geprüft werden, ob sie die Stärke besaßen, diese Herausforderung zu meistern.

Trotz meiner unwissenden Art war mir bewusst, dass die Violette Flamme durch mich arbeitete. Sie trieb mich an, bei all jenen Veränderung und Transformation zu bewirken, bei denen die Gefahr des Stillstandes drohte, und ihnen Gottes Gesetze und Kraft näher zu bringen, wodurch sich die Schicksale erfüllen und tausend Ereignisse in Gang gesetzt werden würden. Dadurch sollten die Menschen befähigt werden, sich diese schicksalhafte Wahrheit anzuschauen, von ihr zu lernen und in ihrem Sterben weise zu werden.

Was ist also die Moral aus diesem Leben? Ich habe zwar keine großen spirituellen Wahrheiten verkündet, doch wurden der Welt durch die Dinge, die ich entdeckt, und die Wege, die ich gefunden hatte, spirituelle Wahrheiten enthüllt. Doch was kann ich euch davon weitergeben?

Vielleicht diese gültige und unschätzbare Wahrheit: Es gibt Dinge, die zu einem Ende kommen und sterben sollen, egal wie bedeutend und tugendhaft sie sind oder einst waren. Und obgleich wir durch Gottes Schöpfung ein neugieriges Volk geworden sind, ist es vielleicht besser, die absolute Wahrheit unentdeckt zu lassen. Wir, die Agenten Gottes, täten gut daran, unsere Aufgabe und Tätigkeit auf Erden ganz Gott zu widmen. Wir täten gut daran zu erkennen, dass Zerstörung nicht durch unsere Unwissenheit geschieht, sondern dadurch, dass wir selbst es zulassen, dass Zerstörung geschehen kann. Zerstörung ist Teil des Großen Plans. Wenn wir unserem Herzen folgen und uns selbst treu bleiben, werden wir immer richtig handeln, ohne Verlangen nach Resultaten, ohne Machthunger und ohne Egoismus. Wir werden das tun, was getan werden muss.

Und so empfehle ich euch Menschen, die ihr die Meere, den Himmel oder die Erde bereist und Tausende von Menschen berührt: Folgt eurem Herzen. Sucht euch euren eigenen Weg durch die Ozeane und Meere. Habt keine Angst vor den Ungeheuern, die euch auf dem Weg begegnen werden. Wenn eure Reise von Gott gewollt ist, dann wisset, dass diese Geschöpfe euch auf den richtigen Weg lenken werden. Wisset, dass ihr all diese Erfahrungen brauchen werdet, um euren Weg zu finden. Und sorgt euch nicht um Dinge, die ihr verliert. Auch Verlust muss sein, selbst wenn ihr den Grund dafür nicht kennt. Sorgt euch nicht und seid nicht traurig. Seid euch gewiss, dass Gottes Wille nicht vom menschlichen Verstand erfasst werden kann.

Die Zeit der Ureinwohner war gekommen. Sie mussten von der Welt herausgefordert werden. Sie sollten geprüft werden, ob sie die Hand weiterhin freundschaftlich ausstrecken können, während sie ihre Herzen und ihre Häuser beschützen. Sie führten zwar ein Leben im Gleichgewicht, hatten aber jeden Sinn dafür verloren. Und so wurde ihr Schicksal durch Lug und Trug besiegelt und sie waren verloren.

Jeder Mensch kann aufsteigen und fallen, je nachdem, wie bereit er ist, zu wachsen und die gelernten Lektionen umzusetzen. Doch statt nur davon zu reden, sollte er die Chance nutzen und sich dem Ungewohnten und Neuen stellen und nicht dagegen angehen oder sich als Opfer fühlen. Die Menschheit wird immer auf diese Weise herausgefordert werden und wir werden sehen, ob sie die Kraft hat, durchzuhalten.

So handelte mein damaliges Leben von Gnade und Vertrauen, Glauben und im Fluss sein. Es ging darum, zu verstehen, aber auch darum, keine Angst zu haben, wenn ich etwas nicht verstand, sondern mich stattdessen auf das zu konzentrieren, was am stärksten in mir war: auf meinen Glauben, dass alles, was ich tat, richtig, gut und wahr ist, dass – ob ich es nun wahrhaben wollte oder nicht – meine Worte und meine Taten eher Frieden als Zerstörung brachten. Ich wusste, dass, solange ich meinen Verstand nicht mit meinem Herzen kollidieren ließ, ich nur von Gott geführt werden würde und nicht vom Teufel. Nach diesem Grundsatz zu handeln sprach mich von jeglichen Vergehen frei. Zwar war ich der Ausführende, doch geschahen sie durch Gott für Gottes Plan, den mein kleiner Verstand nicht verstehen konnte.

Wenn wir lernen, einfach zu vertrauen, und den Mut haben, danach zu leben, wird es der Menschheit gut gehen. Doch wenn wir dauernd fragen warum, wenn wir uns gegenseitig beschuldigen und eigennützig handeln, werden die Menschen nicht überleben.

Segelt über die stürmische See, lasst eure Herzen euren Kompass und euer Führer sein und euren Glauben euren Rettungsring und Schutzschild. Vertraut in Gott und wisset, dass, was auch immer geschieht, was auch immer sein wird, mit dem Willen Gottes übereinstimmt und deshalb gut ist.

Mein Leben als Saint Germain

Viele von uns, die den spirituellen Weg gehen, sind Botschafter Gottes. Wir haben Aufgaben und Pflichten und sind auf die Erde gekommen, um den nicht sichtbaren Gott zu vertreten.

Wir sind Gottes Stimme, Gottes Verstand und Gottes eingreifende Hand, die führt und schützt und das Gesetz von Ursache und Wirkung verfolgt. Das wurde mir vor allem in meinem letzten Erdenleben klar, meinem Leben als Graf von Saint Germain.

In jenem Leben reifte ich vollends. Ich wurde geführt und durch meine Einzigartigkeit gewann ich die Aufmerksamkeit für meine Worte.

Auch Jesus hatte Wunder vollbracht, um die Kraft Gottes zu demonstrieren. Doch leider wurde in ihm meist nur der Magier gesehen, der Fähigkeiten besaß, die anscheinend nur einer wie er besitzen konnte. Mir persönlich war klar, dass sich die Menschheit in verschiedenen Bereichen seitdem noch nicht viel weiterentwickelt hatte. Und so bewirkte ich Wunder, die mir das nötige Forum schufen. Die Neugier, die ich bei den Menschen durch meine Zauberei erweckte, bewirkte, dass sie mir zuhörten. Leider hört die Menschheit auch heute noch lieber demjenigen zu, der weiße Kaninchen hervorzaubern kann, als dem tibetischen Mönch, der Gelassenheit und inneren Frieden ausstrahlt. Die Menschheit, materialistisch wie immer, fühlt sich vom Dramatischen angezogen, und so versuchte ich in Europa meine Zuhörer durch Dramatik zu gewinnen.

Ich beschloss, als Graf von Saint Germain sehr lange zu leben. Wenn das schon meine letzte Inkarnation auf Erden war, dann wollte ich sie auch auskosten. Meine Fähigkeit, die sinnliche Welt zu genießen, schwand recht schnell, doch ich nutzte sie bis zum Schluss. Meine Fähigkeit, Begrenzungen zu überwinden, nutzte ich, um meine physische Gestalt so lange wie möglich jung erscheinen zu lassen, bis mein Bewusstsein den Grad erreicht hatte, wo sinnliche Freuden mir überhaupt nichts mehr bedeuteten. Im Rückblick will es mir manchmal scheinen, dass ich mich gern noch einmal durch einen Sonnenuntergang berühren lassen oder ein schönes menschliches Wesen bewundern würde. Doch diese Art von Gefühlen habe ich natürlich seit

Langem überwunden. Und selbst, wenn ich mich absichtlich in solch eine Traurigkeit hineinsteigern würde, wäre sie ein illusionärer Versuch, mich menschlicher zu fühlen. Wer einmal die Illusion durchschaut hat, für den gibt es kein Zurück.

Ich benutzte meine scheinbare Unsterblichkeit, um viele Männer und Frauen in hoher gesellschaftlicher Stellung zu erstaunen. Ihre Faszination schaffte mir den Raum, gehört zu werden. Und im Gehorsam gegenüber Gott handelte ich nach meiner höheren Führung und stiftete Frieden zwischen verfeindeten Nationen und in den Herzen der Menschen. Ich war die Stimme der Gerechtigkeit und der Vernunft. Ich zeigte den Menschen ein wenig davon, was sie erwartet, wenn sie die Selbst-Verwirklichung geschafft haben.

Mein Leben zeigte viele Parallelen zu Jesu Leben, obwohl meines ein mysteriöses und illusionäres war. Ich lebte in Kreisen, die einen luxuriösen und dekadenten Lebensstil pflegten, und ich war genauso dekadent, luxuriös und dramatisch wie alle anderen. Niemals hatte ich behauptet, ein Retter oder ein Messias zu sein, sondern nur ein erleuchteter Mann, der willens war, seine Erleuchtung mit jeder Person, die ihrer bedurfte, zu teilen. Und genau wie heute waren in damaligen Tagen viele Menschen bedürftig.

Von Zeit zu Zeit führte ich meine Partytricks vor. Ich reparierte Risse in Diamanten, erschien an Orten, an denen ich eigentlich gar nicht sein konnte, und wenn ich einmal mit vielen verschiedenen Menschen zusammen sein wollte, erschien ich an vielen Orten gleichzeitig. Oft erstaunte ich Menschen mit meinem Wissen über ihre tiefsten Geheimnisse und manchmal stellte ich meine alchemistischen Kenntnisse zur Schau. Dann führte ich den etwas materielleren Menschen vor, wie ich Blei in Gold verwandelte. Egal, welche Tricks ich anwandte, meistens hatte ich großen Erfolg. Manchmal klappte es jedoch nicht und ich versagte auf der ganzen Linie.

Sosehr mich der menschliche Geist erstaunte und inspirierte, sosehr erschütterte mich die Sturheit der Menschen, die, zwar klein im Geiste, aber mit großer Macht ausgestattet, einfach mit den Füßen aufstampften und in einem Wutanfall den Tod von Tausenden loyalen Männern und Frauen besiegelten. Es war furchtbar, mit anzusehen, wie sich kleine Dinge zu Katastrophen entwickeln konnten, nur weil ein paar Menschen in machtvollen Schlüsselpositionen voller Vorurteile waren und sich weigerten, die Augen zu öffnen. Es war so traurig.

Die Zeiten, in denen ich nicht gebraucht wurde oder in denen es besser war, dass man mich nicht sah, verbrachte ich an verschiedenen Orten und in verschiedenen Identitäten. Im Herzen Darjeelings besaß ich ein Versteck, das durch Illusion geschützt war. Einen Teil meiner Zeit verbrachte ich in anderen Dimensionen, um meine Perspektive und mein Bewusstsein zu erweitern und mich auf den Tag vorzubereiten, an dem ich die Welt des Fleisches verlassen sollte, um in die geistige Welt zu gehen. Jeder, der sein letztes Leben auf Erden lebt, muss das tun. Aufstieg ist mehr als nur Tod, es ist Transformation, es ist, willens zu sein, seine Individualität und seine Persönlichkeit aufzugeben. Großer Mut ist verlangt, wenn man an der Schwelle zum großen Nichts steht und zulassen soll, sich vom Strudel des Göttlichen absorbieren zu lassen, sich, ohne zu schreien und ohne zu kämpfen, bis in das Gewebe des Bewusstseins auseinandernehmen zu lassen. Die Illusion loszulassen erfordert so viel mehr, als die Illusion als solche zu erkennen. Nur durch das Wissen, die Illusion nicht mehr zu brauchen, kann sie transzendiert werden.

Ich bereitete mich in den geistigen Ebenen darauf vor. Geführt und angeleitet wurde ich von jenen, die schon vorausgegangen waren. Einige von ihnen waren ironischerweise Seelen, die ich in der Vergangenheit gelehrt und unterrichtet hatte.

Als Gott mich darum bat, kehrte ich in die materielle Welt zurück und spielte meine Rolle weiter. So löste ich die letzten Bande, die mich noch in der physischen Ebene hielten. Ich wollte sicher sein, dass ich auch wirklich alles erledigt hatte, was von mir verlangt war.

Die letzten Emotionen, an die ich mich erinnern kann, waren Frustration und Hoffnungslosigkeit. Auf der einen Seite schienen die Menschen zivilisiert und weise zu sein – die Summe all dessen, was früher war. Sie hatten die Möglichkeit, so vieles zu verstehen und einen großen Durchbruch zu erzielen. Auf der anderen Seite schien die Menschheit unglaublich stur, blind, taub und machthungrig zu sein. Ich wusste, dass Gott alles in der Hand hatte. Ich wusste, dass die Zeit noch nicht gekommen war und dass dies noch nicht die richtigen Menschen waren. Und dieses Wissen beruhigte meine Gedanken und ließ mein Herz wieder still werden. Und so entschlüpfte ich der Erde wie eine blasse Erinnerung und trat in die große Stille der Bruderschaft des Lichts ein.

Das Merkwürdige am Aufstieg ist, dass er Ähnlichkeit mit der frühen Kindheit hat. Aufzusteigen ist so freudvoll! Es gibt keine Sorgen und Ängste, es gibt keine Bedürfnisse, die nicht erfüllt wären. Keine Angst, sondern nur Sein, Freude, Glückseligkeit, wenn man durch die Gefilde des Lichts steigt, durch den Geist, durch das Herz und die Seele, sich einer größeren, unaussprechlichen Wahrheit immer weiter öffnend.

Als Saint Germain wurde ich in eine obskure Familie geboren, die nichtsdestoweniger königlich war. Meine Familie war eher für ihre Eleganz und ihre Stellung bekannt als für ihre Macht. Ich erhielt eine gute Ausbildung. Mein Geist war mit dem Schulwissen allein nicht zufrieden und meine Augen und Gedanken waren immer bei einem anderen größeren und nicht greifbaren Wissen. Ich war immer anders als meine Freunde und Cousins. Geschwister hatte ich in jenem Leben keine.
Meine Kräfte sind schon in jungen Jahren aufgefallen und

meine Eltern waren über meine Handlungen, meine Äußerungen und meine Kräfte sehr besorgt.

Ich wusste bereits sehr früh, wer ich früher gewesen war, wer ich jetzt war, was aus mir werden sollte, wo ich hingehen würde und was ich zu tun hatte. In meinem Leben gab es keine Überraschungen, ich war höchstens überrascht, dass es mich nicht überraschte. Das Leben war ein merkwürdiges Spiel. Alles präsentierte sich mir und ich musste es nur noch leben. Für jemand, der geboren ist, um aufzusteigen, bedeuten die Begriffe Vergangenheit, Gegenwart und Zukunft nichts.

Das Leben war ein Spiel, ein Theaterstück. Manchmal eine Komödie, manchmal eine Tragödie, und ich spielte immer die gleiche Rolle. Ich wusste die Handlung immer im Voraus und besaß die Macht, die Szene einfrieren zu lassen oder die Handlung umzuschreiben. Ich war immer in der gleichen Rolle. Mir konnte man nichts anhaben, ich starb nicht. Ich war eher wie ein diabolischer Zirkusdirektor, der mit seinem Taktstock die Parade der Tiere und der Clowns anführte. Doch noch immer liebte ich das Leben und die Menschen. Erst in meinen späteren Jahren, als mein Bewusstsein so stark war, transzendierte ich die Freude, so wie du sie verstehst. Freude war das Letzte, was ich losließ.

In jenem Leben habe ich viel gelernt. Ich lernte, wie wichtig es ist, jede Stunde und jeden einzelnen Moment zu genießen. Ich lernte, dass der Aufstieg ein schöner und erreichbarer Prozess ist, dass aber auch das Leben mit all seinen Illusionen wundervoll und begehrenswert ist. Und das versuchte ich, den Menschen zu vermitteln, bevor ich sie verließ: die Wichtigkeit, das Leben zu lieben, die Wichtigkeit, die Illusion zu lieben, bis du erkennen kannst, was sie wirklich ist, und sie loslassen kannst; die Wichtigkeit, über unbedeutende Konflikte hinauszuwachsen, um die Wunder der Freude zu sehen.

Meine lieben Mit-Botschafter auf dem Weg des Lichts, dies sind meine Worte an euch: Was immer ihr auch anwenden müsst, um zu lehren und zu führen, nutzt alle Möglichkeiten, den Menschen die spirituelle Wahrheit näherzubringen. Doch vergesst darüber nicht die Wunder der Welt, die viele von euch mit einem Fingerschnippen für die Freude der geistigen Welt aufgeben würden. Versucht nicht, die Illusion zu durchschauen, bevor ihr sie nicht für ihre Schönheit liebt. Lehrt, heilt und spielt eure Rolle in Gottes großem Plan. Doch solange ihr noch auf der Erde seid, nehmt euch ein wenig Zeit, die Show auch zu genießen!

LADY PORTIA

Mein Leben als Morgaine La Faye

Ich bin Lady Portia, die einst Morgaine La Faye war und die Seelengefährtin von Saint Germain ist. Ich bin die Hüterin des silber-violetten Strahls, des Strahls der weiblichen Kraftentfaltung und Transformation. Ich bin die Herausforderung auf dem Weg, die Einweihende und die Botin der Veränderung.

Viele Male habe ich auf der Erde gelebt und viele Gesichter und Namen gehabt. Ich sah Kulturen aufsteigen und fallen – durch die eigene oder durch die Hand Gottes. Ich sah Menschen leben und sterben.

Während ich auf meine Vergangenheit und die Personen blicke, die ich einst gewesen bin, möchte ich von der dunkleren Seite des Lebens berichten, vom Zyklus des Todes und der Wiedergeburt.

Ich lebte im alten Land Lemurien und war eine derjenigen, die ganz früh aus dem Geiste Gottes geboren wurden, um auf der Erde zu leben. Ich kannte das Leben, als es noch von der Berührung des Schöpfers vibrierte, als die Farben noch voll und stark waren. Tiere waren uns noch fremd und wir waren ihnen fremd. Die ganze Welt sang vor Frische.

Ich lebte und lernte die Kraft und den Wert des Lebens schätzen, jede Sekunde und jeden Moment lebendig zu sein, für jeden Sonnenaufgang und jeden Sonnenuntergang zu leben, für den silbernen Mond, für die Berührung von Herbst und Winter auf meiner Haut. Ich lebte und wollte die Veränderungen auf dieser Insel sehen, jenen Moment, von Gott entschieden, ab dem wir nicht mehr wie bisher in Körpern existieren konnten. Mit unseren damaligen Körpern war es nicht möglich, die Bedürfnisse unseres Herzens auszudrücken.

Ich lebte, um die dunklen Schwingen des Todesengels zu sehen. Seine Füße berührten die Erde und er legte seine Hände auf die schlagenden Herzen der Lebenden. Durch den Tod befreite er sie, damit sie in den spirituellen Lichtwelten weiterleben konnten.

Den Lemuriern wurde empfohlen zu sterben. Ihre ektoplasmischen Gestalten konnten mit ihrem wachsenden Geist und ihren großen Herzen nicht mehr mithalten. Und so wurde der Tod eingeführt, damit der Mensch wiedergeboren werden konnte. Die geistigen Welten waren damals so neu und frisch wie die Erde selbst und der Prozess des Beginns war ein Beginn in sich selbst.

Ich erinnere mich an die Momente zwischen meinen Leben, in den Ebenen von Glanz und Licht, als wir sprachlos vor Staunen in Höhlen aus Licht geführt wurden. Dort wurden unsere Herzen mit dem Trost Gottes erfüllt. Wir wussten, dass dies der Beginn einer ganzen Kette von Leben war.

Damals geschah es, dass mich die Vorstellung von Tod und Veränderung zu faszinieren begann, und diese Faszination brachte Begeisterung in jedes Leben, das ich lebte. Wieder und wieder kam ich auf die Erde, war voller Leidenschaft und Glanz, voller Herzensleid und Schmerz. Ich beobachtete die Kräfte der Veränderung, der Transformation und des Todes. Und in mir wuchs das Verständnis, warum diese dunklere Seite des Lebens so wichtig, so notwendig und so gottgewollt war.

Gott lehrt uns, dass die Veränderung das einzig Beständige im Universum ist. Sie ist noch mächtiger als die Liebe. Keiner kann ihr entgehen. Wir können sie nicht aufhalten und wir können nicht das Gegenteil vorgeben. Veränderung macht selbst vor Gott nicht halt. Sie ist es, die uns vorwärtstreibt, die uns fortdauernd über uns selbst hinauswachsen lässt. Ich stellte fest, dass Veränderung kraftvoller ist, wenn sie begrüßt und zelebriert wird, statt gefürchtet oder ignoriert zu werden. Wenn ein Übergang gefeiert wird, kann er wesentlich kraftvoller sein. Und so begriff ich auch die Wichtigkeit von Einweihungen. Ich habe auch gelernt, dass Menschen, die sich selbst zu schnell transformieren wollten und noch nicht bereit waren, den neuen Weg zu gehen, sehr schnell gefallen sind.

Dadurch begriff ich, wie wichtig Herausforderungen auf dem Weg des Einzuweihenden sind, um festzustellen, ob er wirklich genug gelernt hat, um vorwärtszugehen. Hatten sie denn wirklich genügend Kraft, um das Hindernis auf dem Weg zu überwinden?

Ich wurde dunkel und schattenhaft wahrgenommen – so wie der Tod – bei meiner Aufgabe, die Menschen herauszufordern und zu prüfen, oder wenn die Menschen, blind vor Angst zu versagen, nicht mehr den Sinn meiner Gegenwart sehen konnten. In Leben, in denen ich keine Bezeichnung oder Form besaß, in der ich meine Aufgaben stellen konnte, sah man mich einfach als die Feindin, die Verführerin, den Teufel, den Dämon, die Dunkelheit, die sich dem Leben in den Weg stellte. In Wahrheit war ich jedoch die Kraft, die das Leben repräsentierte und es in die richtige Richtung wachsen ließ.

Was wäre das Leben ohne den Tod? Wir könnten es nicht achten! Was wäre das Leben ohne die Dunkelheit? Wir würden es niemals als das Wunder sehen, das es ist! Was wäre Erfolg ohne die Herausforderung? Er hätte keine Bedeutung für uns. Meine Geschwister und ich, die wir dieselbe Kraft im Universum repräsentieren, waren für den Menschen immer diese Gegenspieler und waren so wichtig wie Luft, Wasser und Liebe.

Es ist das Muster der Männer, vorwärtszugehen, zu forschen, herauszufinden und zu suchen, und es ist die Natur der Frauen, zurückzuhalten, zuzuhören, zu fühlen, zu empfangen. Durch ihre Empfänglichkeit waren sie immer von Gott geführt und wurden inspiriert, die Gesellschaft, in der sie leben, ihre Männer und ihre Kinder herauszufordern. Frauen haben sich immer weiterentwickelt und ihre Herausforderungen bestanden, innerlich und für die Männer unsichtbar. Frauen sind durch ihre schöpferische Kraft Gott näher. Meistens sind sie den inneren Weg gegangen, wogegen Männer eher im Äußeren ihren Fortschritt, ihre Kraft und ihr Wachstum messen mussten. Frauen wurden oft als Dämonen oder Werkzeuge der Dunkelheit bezeichnet, doch das lag an ihrer Fähigkeit, sich tief auf die Kräfte des Universums einzustimmen. Männer dagegen waren höchstens fehlbar oder durften das Licht hüten.

Als ich Morgaine war, war ich die Hohepriesterin derer, die die Göttin im Lande Albion verehrten, das heute als Britannien bekannt ist. Ich kannte die Kräfte der Göttin seit meinen frühesten Erinnerungen in jenem Leben und ich trug in meinem Herzen und meinem Geist die Erinnerungen an Hunderte von Leben in ihrer Obhut.

Als ich zur Hohepriesterin von Albion geweiht wurde, war das die größte Auszeichnung meiner bisherigen Leben. Ich nahm diese Aufgabe mit größter Ernsthaftigkeit und bester Absicht an. Als die Druiden kamen, unsere Brüder, die die Sonne verehrten, so wie wir den Mond verehrten, und uns von den Prophezeiungen über die kommende patriarchalische Religion berichteten, die unsere mütterliche Religion auslöschen sollte, wollte ich die Wahrheit in ihren Worten nicht erkennen. Ich zog es vor, ganz in der Gegenwart zu leben und auf die Weisheit der Vergangenheit zu hören.

Ich öffnete meine Seele und empfing die Bestätigung, dass die Prophezeiung wahr war. Doch immer noch war es mir nicht möglich, mich dem Willen Gottes zu beugen. Ich fühlte mich dem Andenken der Göttin verpflichtet und wollte die patriarchalische Energie, die die Göttin zerstören und ersetzen wollte, herausfordern und bekämpfen.

Meine Verbundenheit mit der Göttin forderte von mir, meinen eigenen Halbbruder und alles, wofür er stand, zu bekämpfen. Und so wurde ich aufs Neue zum Herausforderer. Ich stand zwischen der Zukunft und der sich ausbreitenden Religion der Männer. Doch ich wurde von ihr in die Knie gezwungen und musste ihr freie Bahn geben.

Am Ende meines Lebens versenkte ich die Geheimnisse des matriarchalischen Reiches durch einen Zauberspruch tief in die Erde. Eines Tages, wenn die Zeit reif sein wird, sollen die wahren geheimen Kräfte der Göttin von jenen wiederentdeckt werden, die das Wissen noch im Herzen tragen. Doch zu jener Zeit mussten diese Geheimnisse und Beschwörungen zusammen mit der Königin der Welt sterben, mussten sich dem patriarchalischen Gott entziehen, damit er sie nicht dazu benutzen konnte, sein eigenes Schwert zu schärfen.

Erst jetzt kann die alte Weisheit zurückkehren. Wort für Wort fließt sie in die Herzen jener Männer und Frauen, die im tiefsten Inneren selbst die Göttin sind und ihre Kräfte wiederbeleben möchten.

Ausgewogenheit, das weiß ich heute, ist der einzige Weg zur Evolution. Heute muss die Menschheit sich der neuen Herausforderung stellen, ob sich die patriarchalische Energie den wachsenden Kräften der spirituellen Männer und Frauen beugen wird, die nicht länger Dogma und Kontrolle möchten, sondern Freiheit und die Universalität eines freien Geistes.

Und so war es in allen Leben, die ich gelebt habe, gewesen. Im lemurischen Tempel der Göttlichen Mutter, im australischen

Outback, wo ich schlief und die Wahrheiten des Universums er-
träumte, in Island, wo ich die Göttin des Meeres verehrte, in Ir-
land, Schottland und in Albion selbst. Immer habe ich die Kräfte der Veränderung, der Herausforderung, des Todes und der
Transformation repräsentiert und verehrt. Und genau das tue
ich heute noch.

Und mit diesem Wissen, mit dieser Kraft und Wahrheit sage ich:
Ihr Menschen, dehnt euer Verständnis aus. Seht den Unter-
schied zwischen dem Bösen und der Herausforderung. Seht,
dass die Sturen und die Dummen manchmal vom Universum
nur eingesetzt werden, damit ihr herausfinden könnt, ob ihr die
Kraft und Stärke, die Wahrheit, das Wissen und das Licht besitzt, damit ihr das Alte transzendieren und das Neue wachsen
lassen könnt, damit die Welt neu geboren werden kann.

Verachte nicht den Wächter vor deiner Tür. Blicke nicht zu hart
auf den kalten Unterdrücker. Bedenke, dass sie einst waren wie
du und du einst wie sie. Erkenne ihren Platz im Großen Plan
und achte sie für ihre Rolle, mit der sie dir dienen.

Und meinen Brüdern und Schwestern, die einst Seite an Seite
mit mir die Göttin in ihren vielen Formen verehrt haben und
noch immer auf der Erde leben, möchte ich Folgendes sagen:
Die Göttin erwacht nun aus ihrem Schlaf. Sie rührt sich langsam
und ihre Träume kommen zu einem Ende. Und auferstanden
aus ihrem Grab sammelt sie neue Kraft, um dann Seite an Seite
und Hand in Hand mit Gott zu gehen. Es wird keine Unterdrü-
ckung mehr geben, sondern Ausgewogenheit, damit die Menschen wieder Frieden, Liebe, Erleuchtung und Freude erfahren
dürfen.

Der Weg des Fortschritts besteht nicht nur aus Geben und nicht
nur aus Empfangen, sondern aus beidem. Der Weg des Fortschritts ist, einfach zu sein und im Sein die Bedürfnisse der anderen zu erkennen.

Friede euch Kindern der Liebe und des Lichts. Ich warte auf euch, denn bald sehen wir uns wieder. Vielleicht werdet ihr mein Gesicht nicht erkennen, doch durch meinen „Geschmack" werdet ihr wissen, dass ich es bin. Ich werde euch noch oft besuchen, um herauszufinden, ob ihr bereit seid, die Tür zu öffnen und weiterzugehen.

Friede euch und Liebe, ihr Brüder und Schwestern der Göttin und des Gottes.

KWAN YIN

Über die Entwicklung von Mitgefühl –
Mein Leben in Atlantis

Ich bin gekommen, um über drei meiner Leben zu sprechen, die ich auf der Erde verbracht habe. In einem dieser Leben wurde ich als Kwan Yin bekannt.

Meine Geschichte beginnt in Atlantis, zur Zeit der frühen atlantischen Dynastie, als die Magie dieses Kontinents noch stark und spürbar war. Es war meine dritte Inkarnation und ich wurde in die königliche Familie des Elements Wasser geboren. Die Aufgabe der königlichen Familien von Atlantis war, die Energie der sieben atlantischen Elemente zu pflegen und zu erhalten. In der späteren atlantischen Geschichte fielen die Elemente Liebe und Veränderung völlig weg und die königlichen Familien, die diese Kräfte betreut hatten, brachen auseinander.

Doch zu meiner Zeit gab es noch sieben Elemente und alle sieben königlichen Familien verbanden ihre Energien miteinander, um die globale Ordnung und den globalen Frieden aufrechtzuerhalten. Die königliche Familie des Wassers war für alle Kräfte der Astralwelt, der Träume und der Emotionen zuständig. Ich war die erstgeborene Prinzessin der Familie. Mir war klar, dass ich eines Tages Königin werden würde. Dann würde meine Aufgabe sein, die Kräfte des heiligen Kelches zu unterhalten, den Erzengel Gabriel persönlich unserer königlichen Familie übergeben hatte.
Ich wurde darin unterwiesen, alle Arten von Emotionen zu verstehen und mich vollkommen in andere einzufühlen. Meine

Mutter, die sich in ihrem Leben ein enormes Einfühlungsvermögen angeeignet hatte, lehrte mich, mein Herz zu öffnen und alle Emotionen zu fühlen, die von den Atlantern ausgingen, ohne mich jedoch in ihnen zu verlieren und ohne dass mir ihre Wut, Müdigkeit, Bitterkeit oder ihre Schmerzen etwas anhaben konnten. Diesen hohen Grad von Einfühlung hat schon lange kein Erdenmensch mehr entwickeln können. Er verlangt großes Geschick, große Kraft und eine tiefe Verankerung in der eigenen Identität.

Mein Vater, der König des Elementes Wasser, war natürlich ein starker Mann. Er regierte sein kleines Königreich mit fester Hand und lehrte die Menschen, wie sie ihre Gefühle stärken konnten. Atlanter, die zu anderen Kontinenten reisten, wurden von meinem Vater unterrichtet, wie sie mit den Menschen anderer Kulturen, Rassen und Gesellschaften umgehen sollten. Er lehrte sie, mit deren etwas raueren Emotionen umzugehen, sich zu schützen und ihr Einfühlungsvermögen bei diplomatischen Verhandlungen und beim Vermitteln ihrer spirituellen Lehren zu nutzen. Mein Vater lehrte sie auch, wie sie eine Art projizierter Einfühlung anwenden konnten, um sich vor den Angriffen der Tierwelt und vor bestimmten Eingeborenen zu schützen.

In jenem Leben hatte ich auch einen Bruder. Er war der Prinz in unserer königlichen Familie und wurde von meinem Vater unterrichtet. Natürlich haben wir unsere geistigen Energien jeden Tag liebevoll miteinander verbunden. Die männliche und weibliche Art, Liebe wahrzunehmen und auszudrücken, ist sehr verschieden, doch das war mir schon, als ich anfing, bewusst zu denken und mich bewusst erinnern zu können, bekannt.
Jenes Leben war der Beginn einer emotionalen Lehrzeit, die viele, viele Leben andauerte. In den Zeiten von Atlantis fühlte ich mich besonders von der Göttin, der Göttlichen Mutter, angezogen. Ich verehrte sie sehr. Ich verbrachte viel Zeit in Kontemplation und Meditation im Tempel, der ihr geweiht war. Die

Priesterinnen lehrten mich, wie ich das volle Potenzial meiner eigenen weiblichen Kraft und Energie ausschöpfen konnte.

Im Tempel brauchten wir keinen Prunk oder große Zeremonien. Unsere Beziehungen waren harmonisch und liebevoll. Wir saßen versunken in tiefem Frieden und in tiefer Liebe und alle Unterschiede in Stand, Alter, Wissen und spiritueller Reife waren unwichtig. Unser Verlangen, die Mysterien unserer eigenen weiblichen Kraft zu entschlüsseln und die kreativen, nährenden und empfangenden Kräfte des Universums zu verehren, schmiedete uns fest zusammen.

In jenem Leben habe ich viel gelernt. Vor allem begann ich, meinen Charakter, meine Persönlichkeit und meine Individualität genau zu kennen. Ich erkannte den Wert, ich selbst zu sein. Und selbst wenn ich mich in tausend verschiedene Herzen einstimmen würde, konnte ich mich nie darin verlieren, da ich in meinem Bewusstsein fest verankert war. In jenem Leben erfuhr ich auch, wie verschieden Männer und Frauen die Liebe wahrnahmen. Ich lernte, was Emotionen bewirken konnten: Man kann sie als Informationsquelle, zur Heilung, aber auch zum Schutz und zur Verteidigung nutzen. Und ich bemerkte, dass die Liebe eine unleugbare, vereinigende Kraft besitzt.

Natürlich war das Königreich des Wassers sehr eng mit dem Königreich der Liebe verbunden, das damals noch existierte und sehr verehrt wurde. Doch das Königreich der Liebe hatte ein kosmisches Verständnis von der Liebe, beschäftigte sich damit eher auf universeller Ebene und weniger auf der irdischen. Vom geistigen Austausch, den ich mit dem Königreich der Liebe hatte, konnte ich erst relativ spät in meinem Leben profitieren. Erst als ich mich in späteren Jahren an meine Zeit in jenem Palast erinnerte, konnte ich die Wahrheit hinter den Worten verstehen, die mir damals gesagt wurden.

Auf unserem Evolutionsweg geht keine Erinnerung je verloren. Unser Höheres Selbst zeichnet alles auf, und wenn wir uns eines Tages plötzlich an etwas erinnern, kann uns die Erinnerung, die uns vorher vielleicht nichts bedeutet hat, auf einmal tiefe Einsichten und Lehren geben.

Als ich zur Königin im Königreich des Wassers wurde, nahm ich meine Aufgaben mit Würde und Ernsthaftigkeit an. Als es an der Zeit war, wählte ich mir einen König und heiratete ihn. Zusammen regierten wir einige hundert Jahre und sorgten dafür, dass Friede und Ordnung in Atlantis herrschten. Im Herbst von Atlantis, kurz vor seinem Fall, entschied ich mich, mein Leben aufzugeben. Tatsächlich war ich eine derjenigen, die hellsichtig eine Warnung übermittelt bekamen. Ich hieß meinen Tod willkommen, denn ich wollte nicht zusehen müssen, wie sich die schöne Stadt, in der ich so lange gelebt hatte, in Staub verwandelte.

In jenem Leben dehnte ich meine Wahrnehmungsfähigkeit aus und konnte durch die gebündelten Energien im Heiligen Gral die Emotionen von Tausenden von Menschen erleben. Es war eine wundervolle Erfahrung, die meine Seele für alle Zukunft geformt hat.

Mein Leben in Ägypten

Das zweite Leben, von dem ich berichten will, spielte im alten Ägypten, viele hundert Jahre nach meinem Tod in Atlantis.

Ich kehrte auf die Erde zurück und fand mich in einem Tempel wieder, der der Göttin Isis geweiht war. Das war ein sehr eigenartiges Leben und eine auf vielen Ebenen ungewöhnliche Erfahrung. Meine Eltern hatten mich in den Tempel gegeben. Sie waren wohlhabende Mitglieder der ägyptischen Gesellschaft und hatten sich gedacht, dass es ihrem Ansehen viel einbringen würde, eine Tochter in einem berühmten Tempel zu haben, der noch dazu einer solch nutzbringenden Göttin geweiht war. Es wurde gesagt, dass Isis milde und großzügig auf jene Tempelbewohner herabblickte, die ihre Verehrung besonders ernst nahmen. Ich hatte keine Wahl und wehrte mich anfangs noch sehr dagegen. Später jedoch begriff ich, dass das Leben im Tempel tatsächlich meine Bestimmung war und es daher keinen Grund zu klagen gab.

Es heißt, dass alle, deren Aufstieg bevorsteht, eine Vorahnung haben von dem, was ihr Schicksal für sie bereithält. Sie können im Laufe einiger hundert Jahre zuvor über eine Art Echo oder als Schattenbild den Aufstieg wahrnehmen. So wird dem zukünftigen Aufgestiegenen Meister bewusst, was geschehen wird.

Von der Göttin, die wir damals verehrten, weiß ich heute, dass sie eigentlich eine Aufgestiegene Meisterin war, die bereits von der physischen Ebene in die Ebenen des Geistes aufgestiegen war und von dort aus ihre Jüngerinnen und Jünger anleitete. Sie war also keine Göttin. Isis war ein aufgestiegenes Wesen von großer Weisheit und Kraft. Durch die Verehrung von Isis fühlte ich eine Resonanz, eine merkwürdige Einstimmung und Ähnlichkeit, wodurch es mir möglich wurde, mich auf das vorzubereiten, was auf mich zukommen sollte.

Damals hatte ich jene seltsame Vorahnung meiner Zukunft. Und als Vorbereitung darauf begann ich, nach nichts anderem mehr zu streben als nach letztendlicher Bewusstheit und wahrer spiritueller Erleuchtung.

Meine liebste Aufgabe damals im Tempel war, Isis die Liebe ihrer Jüngerinnen und Jünger bewusst zu machen und darzubringen. Mir fiel es zu, die richtigen Worte und Trankopfer zu wählen, die unsere Gebete, unsere Hingabe und Verehrung in

Isis' Bewusstsein bringen sollten. Im Gegensatz zu meinen Vorgängerinnen studierte ich meine Worte nicht ein und ich spürte kein Verlangen, fette Tiere zu opfern. Stattdessen brachte ich Blumen und Träume, Wünsche, das Lachen von Kindern, Musik und Tanz, Poesie und Kunstgegenstände dar.

Anfangs lösten meine ungewöhnlichen Opfergaben die größten Bedenken aus. Doch als Isis unseren Tempel nach und nach mit göttlichen Manifestationen, mit Wundern und Heilungen und der Energie ihrer kraftvollen Gegenwart und Liebe segnete, wurde klar, dass meine Vorgängerinnen die falschen Dinge geopfert hatten. Sie brachten Isis die Opfer dar, die ihr nicht gefielen. Meine inspirierten Worte, die direkt meinem Herzen entsprangen, waren kraftvoller als einstudierte Gedichte, die gefühllos vorgetragen wurden.

In jenem Leben stieg ich nicht in der Hierarchie der Priesterinnen auf, sondern blieb Jüngerin und wurde immer wieder herausgefordert, neue Wege zu finden, unseren Dank und unsere Liebe darzubringen.

An dieser Herausforderung wuchs ich und erhielt dem Tempel das Wohlwollen von Isis. Ich konnte Isis' Jüngerinnen lehren, was die Götter wirklich wollen: keine geschlachteten Tiere oder auswendig gelernte Gebete, sondern echten Ausdruck von Fürsorge und Verehrung.

Das Wort Verehrung bringt mich zum dritten und letzten Leben, von dem ich heute sprechen möchte, meinem Leben als Kwan Yin. Es war meine letzte Inkarnation und durch die Erfahrungen, die ich damals gemacht habe, konnte ich schließlich aufsteigen.

Mein Leben in China

In meinem letzten Leben erfüllte ich mein Lebensmuster, dem gemäß ich mich immer wieder in Familien inkarnierte, die eine hohe gesellschaftliche Stellung hatten und sehr reich und mächtig waren.

In jenem Leben wurde ich als Tochter eines Kaisers geboren und hatte nichts anderes zu tun, als meine Zeit im Müßiggang zu vertrödeln.

Mit der Zeit begannen mich Menschen zu faszinieren, die etwas besaßen, was ich nicht hatte. Sie besaßen kein Geld, keine schöne Kleidung, sie waren krank und sie waren bedeutungslos. Sie hatten kein Erbe, keine Wächter, keine Wagen, keine Juwelen und wohnten in keinem Palast. Sie waren auf das Wesentliche reduziert: Sie hatten nur sich selbst.

Sie hatten das, was ich nicht kannte und von dem ich glaubte, es niemals verstehen zu können. Anfangs machte ich meine Ausflüge zu den Armen gegen den Willen meines Vaters und hinter seinem Rücken. Doch als er entdeckte, dass ich mit meinem Wächter immer wieder zu ihnen ging, gab er mir sein Einverständnis. Von da an verbrachte ich meine Zeit bei diesen Menschen. Ich saß bei ihnen im Schmutz und hörte mir ihre Sorgen und Probleme an. Ich brachte ihnen Nahrung und Geld, Kräuter und Salben, Kleidung und Hilfe. Für das Geld und die Juwelen in meines Vaters Schatztruhen hatte ich mich noch nie interessiert. Und so forderte ich mehr und mehr. Anfangs weigerte er sich, meine Wünsche zu erfüllen, doch mit der Zeit bemerkte er, dass ich in der Tat eine Botschafterin war – nicht nur für das spirituelle Wohl, sondern auch zum Wohle seiner eigenen Popularität als Herrscher. Zwar gefiel es mir nicht, dass sich meine Hilfe auf der Großzügigkeit meines Vaters begründete, die ihn als liebenden Herrscher und Retter hinstellte, doch wurde mir schnell bewusst, dass es in einem Sturm völlig egal ist, wer oder was einem Schutz bietet. Und so wie mein Vater mich benutzte, so benutzte ich ihn und führte meine Arbeit mit den Menschen fort, die ich liebte und wirklich berühren durfte.

Ich wurde zwar nicht Kaiserin, doch ich hatte bereits in jungen Jahren die Möglichkeit, in die Sphären des Lichts aufzusteigen. Ich war vollkommen im Herzen zentriert und konnte meine Göttlichkeit in meinem Geben, meiner Großzügigkeit und meinem Ausdruck von Liebe erkennen.

Und so erklomm ich die Stufen, die zum großen Frieden führten. Nahe an der Schwelle, über die man in die strahlende Einheit tritt, drehte ich mich um und blickte auf die Erde. Ich sah alle Menschen, die ich noch nicht berühren konnte: Tausende, Millionen von Menschen, die noch nie meinen Namen gehört, meinen Frieden gefühlt hatten und denen ich noch nichts von meinem inneren Reichtum abgeben konnte. Und ich kehrte um.

Mir wurden 200 Jahre gewährt, um meine Aufgabe zu erfüllen. Danach sollte ich endgültig ins Licht gehen. Das Licht würde dann mein unvermeidliches Schicksal sein.

Für meinen Vater war meine Rückkehr ein Wunder. Er wusste nicht, dass ich dabei war, in die Sphären des Lichts hinüberzugehen, sondern hatte geglaubt, dass ich im Sterben läge. Er war für meine Rettung so dankbar, dass er versprach, den Göttern alles zu geben, was sie verlangten. Ich sagte meinem Vater, dass ich tatsächlich eine Botschaft für ihn hätte: Er wurde gebeten, den Göttern einen Tempel zu bauen, den ich leiten sollte.

Als mit der Zeit immer deutlicher wurde, wie sehr ich mich nach meiner Rückkehr verändert hatte, wurde der Tempel meiner Gegenwart und meiner Kraft geweiht. Meine Erhabenheit spiegelte sich in den Wundern, in der Magie, aber auch in meinem Humor und meinem guten Herzen wider. Viele Menschen kamen, um geheilt zu werden. Ich begann, Priester und Priesterinnen zu lehren. Es handelte sich jedoch nicht um Priester und Priesterinnen für mich, sondern sie weihten ihr Leben der Barmherzigkeit und dem Mitgefühl, den Eigenschaften, die ich repräsentierte. Ich lehrte sie, aus der Quelle ihres Herzens heraus physisch eine Flamme des Mitgefühls zu manifestieren, die von allen gesehen und gefühlt werden kann. Die perlweiße Flamme, die Flamme des alabasterfarbenen Lichts, sollte in die Welt getragen werden, um den Menschen den Segen der Liebe näher zu bringen. Meine Priester und Priesterinnen reinigten, segneten und heilten und sie lehrten die Reichen und die Armen gleichermaßen meine Wahrheiten.

Mit jedem Tag auf der Erde wuchs mein Bewusstsein und meine Spiritualität und viele sahen in mir eine Göttin.
Da erkannte ich plötzlich das Bindeglied, das mein letztes Leben auf der Erde mit meinen allerersten Inkarnationen verband. Ich erkannte, dass Liebe mehr ist, als einen einzigen oder Hunderte von Menschen zu lieben.
Ich sah, dass alles aus Gott geborene, wahre Liebe ist: Wahrheit und Lüge, Realität und Illusion, Licht und Dunkelheit.

Mir wurde bewusst, dass Liebe alle Grenzen zwischen Arm und Reich, Gut und Böse überwindet. Und zum ersten Mal erinnerte ich mich wieder an die Worte, die im von Erzengel Haniel geführten, alten atlantischen Königreich der Liebe an mich gerichtet wurden: Liebe ist das Bindeglied, der Anfang und das Ende, die Schöpfung und die Zerstörung. Sie kann in der dunkelsten Nacht und im hellsten Tag gefunden werden. Da Gott alles Leben als liebender Vater, als liebende Mutter, als liebender göttlicher Schöpfer erschuf, sind alle Dinge von Liebe durchdrungen.

Auf dieser Stufe meiner Entwicklung wurde auch mir klar, wer Isis gewesen ist und wie sie sich dabei gefühlt haben muss, diesen vielen Menschen vorzustehen und als Göttin verehrt zu werden, nur weil sie in ihrer Entwicklung eine Stufe erreicht hatte, die über das Begriffsvermögen der Menschen hinausging, die sie für sich selbst als unmöglich erachteten.

Ich stand auf der Schnauze eines Drachen und sah hinab auf die Erde, sah hinab auf meine Leute, sah meine Tempel, die sich über die Welt verbreitet hatten, und erkannte, wie weit die Menschheit schon gegangen war und wie weit sie noch zu gehen hatte.

Und meine Botschaft an euch ist folgende: Was euch davon abhält, die Kraft der Liebe in euren eigenen Herzen zu entdecken, zu sehen, wie die Kraft der Liebe eure Realität durchdringt, euer Bedürfnis nach Liebe anzuerkennen und eure Fähigkeit, Liebe zu geben, ist euer falscher Stolz und euer falsches Ehrgefühl. Die Menschen, die ich Hunderte von Jahren auf der Erde geführt habe, waren von einem Ehrgefühl durchdrungen, das stärker war als eine Mauer. Doch es war ein Ehrgefühl, das sie davon abhielt zu sagen: „Hilfe, ich brauche, ich möchte, ich verlange, ich verdiene ..." Ein Stolz, der sie nicht davon abhielt zu sagen: „Ich kann geben, ich werde helfen, ich werde bedingungslos geben, ohne Dank dafür zu erwarten."

Einige Menschen behaupten, dass arme Menschen nichts zu geben hätten. Doch das ist nicht wahr! Wir alle wurden mit einem Überfluss an Liebe geboren, und es liegt allein an uns, wie und wem wir sie zeigen und geben. Und in Wahrheit ist dies das allerschönste Geschenk und es ist wertvoller als Wasser oder Luft oder Nahrung. Liebe ist etwas, das wir zum Überleben brauchen. Und sie ist etwas, das wir unser ganzes Leben lang suchen.

Nun geht und nehmt diese Wahrheit mit, auf dass sie euer Herz öffnen und euch inspirieren möge, im Namen Gottes Gutes zu tun.

Djwal Khul

Von der Wandlung und dem Fluss des Lebens

Es ist aufgezeichnet, dass ich der jüngste der Aufgestiegenen Meister und noch neu bin im Reich des Lichts und der Unbegrenztheit, im Reich des Friedens und der Ruhe, im Reich der Aufgestiegenen, in Shambhala. Doch das stimmt nicht ganz. Denn ich habe schon in Shambhala auf der Erde gelebt. Aufgestiegen zu sein heißt nicht, den Körper und die Welt hinter sich zu lassen und als körperlose Wesenheit, als überirdisches Licht herumzuschweben. Aufgestiegen sein bedeutet, in einem Bewusstseinszustand zu leben, der einen befähigt zu erkennen, dass die Realität eine Illusion und die einzigen Wahrheiten Liebe und Veränderung sind. Aufgestiegen sein heißt, seine eigene Göttlichkeit in Gottes Schöpfung zu erkennen und die Resonanz zu spüren, die zwischen einem selbst und Gott besteht, und dadurch auf der Erde gottgleich, also erleuchtet zu sein. So kann man aufgestiegen sein und doch noch auf der physischen Erde leben. Es ist möglich, mit dem Göttlichen und im Kollektiv der Aufgestiegenen Meister zu leben und gleichzeitig ein sterbliches Leben zu führen.

Natürlich ist die eigene Wahrnehmung der Wirklichkeit durch die Fähigkeit, die Göttliche Quelle, die alles durchlichtet, in ihrer Grenzenlosigkeit zu empfangen, wesentlich verändert. Die Begeisterung über Vogel und Blume, Baum und Himmel verschwindet, doch die für das innere Licht, das jedem Ding Lebendigkeit verleiht, entsteht. Dies kann die aufgestiegenen Wesen in einen Zustand der Ekstase und des veränderten Bewusstseins versetzen, das sie unnahbar, wenig mitteilsam und voller Rätsel und Paradoxe erscheinen lässt.

Es ist schwierig mitzuteilen, was man wahrnimmt, wenn ande-re sich nicht im Geringsten vorstellen können, was man sieht. Und alle Worte, die du gebrauchen wirst, um die Gefühle in dei-nem Herzen zu beschreiben, entweichen deinem Mund wie die Fantasien eines Verrückten, der von Dingen heimgesucht wird, die die meisten mit „Das ist doch offensichtlich und unwichtig" abtun würden.

Mein letztes Leben auf der Erde verbrachte ich als inkarniertes aufgestiegenes Wesen. Ich hatte keine große Aufgabe wie Jesus und Saint Germain oder die anderen Meister, die mir vorausge-gangen waren. Meine Aufgabe war eine sich selbst erfüllende: erleuchtet zu werden und dann einfach zu sein, zu leuchten und dadurch zu zeigen, dass wir alles erreichen können, wenn wir an unserem Glauben festhalten, dass wir in den uns ver-sprochenen Shambhala-Zustand eintreten können, der das Ziel jedes tibetischen Mönchs ist.

Ich hatte jedoch auch eine Botschaft: Sie betraf die Notwendigkeit des Teilens und Mitteilens. Oft sprach ich darüber und jedes Mal erzählte ich Wort für Wort die gleiche Parabel. Ich war überzeugt, dass sie weder von blinden Augen noch von tauben Ohren falsch interpretiert werden konnte. Ich sprach von der Notwendigkeit, dass Erleuchtung nicht innerhalb einer sozialen Struktur erreicht werden muss, sondern von jedem Menschen erreicht werden kann. Und wenn unsere Wahrheiten nicht weitergegeben werden würden, hätten wir den Preis dafür zu bezahlen, nämlich, dass wir auf unserer Schatzkiste der Weisheit Gottes sitzen bleiben, ob-wohl wir selbst von unserer inneren Weisheit profitieren und zu wissen glauben, wem wir diese Gaben Gottes weitergeben könn-ten, die wir aber für alle Menschen bereithalten.
Doch die Menschen sahen nicht, was ich meinte. Da ich wuss-te, dass der freie Wille ein kostbares Gut ist, versuchte ich nicht durch Wunder oder Manifestationen etwas zu bewegen, son-dern einfach durch Inspiration und das Erzählen von Geschich-ten. Das war mein Weg.

Natürlich konnte ich meine Wahrheit teilweise mitteilen, doch größtenteils wurde das vermieden. Und meine Brüder bezahlten den Preis für die Selbstsüchtigkeit, mit der sie ihre Wahrheit für sich behielten.

Unsere Lehren waren und sind immer noch gut. Sie enthalten den Schlüssel zu vielen Mysterien des Universums. Und unsere Zeit ist noch nicht um. Denn wir wurden nicht für unsere Verfehlungen vernichtet, wir wurden nicht angegriffen von Menschen, die Angst hatten und uns nicht verstanden. Doch wir haben noch sehr viel Arbeit vor uns. Viele Menschen werden noch durch unsere Worte der Weisheit gerettet und ins Licht gehoben werden und von zwei dieser Weisheiten möchte ich nun aus meinem Leben als Djwal Khul berichten.

Reinkarnation beweist die Unbeständigkeit, das Gesetz und die Kraft der ständigen Veränderung und Evolution. Es ist wahr, wenn man sagt, dass nichts von Dauer ist, nicht einmal die Liebe. Auch sie ist dem Gesetz der Veränderung unterworfen.

Veränderung und Transformation sind stärker als Gott. Gott selbst verändert sich und kann nicht dem inneren Drang widerstehen, fortdauernd zu wachsen und sich weiterzuentwickeln. Liebe, egal wie stark, leidenschaftlich und kraftvoll sie sein mag, besteht nicht ewig in derselben Form, sondern wird sich, wie alle anderen Dinge im Kosmos, verändern.

Ich habe vielleicht nicht so oft auf der Erde gelebt wie andere, doch auch ich sah den Aufstieg und Fall von Zivilisationen. Ich sah die Zerstörung von Menschenträumen, ich sah die Verwirklichung von Menschenfantasien auf der Erde, Dinge, die die Menschen immer wieder gesagt haben und die nicht aufgezeichnet wurden. Manchmal waren das Dinge, die so ungreifbar waren wie Glaube. Worte der Wahrheit fielen genau wie die Geschichte und die Erinnerung der Veränderung zum Opfer. Gebäude verwittern und zerfallen oder werden vom technischen Fortschritt überholt. Geschichte geht mit dem Sterben einer Generation und durch die Zerstörung von Manuskripten verloren. Dinge werden vergessen; ein Flüstern kann Wahrheiten in einem Augenblick in Lügen verwandeln. Legenden, Helden, Tugenden werden für die breite Masse unmodern. Sie verschwinden für immer in den Feuern des Übergangs, in den Flammen der alchemistischen Veränderung.

Unbeständigkeit beherrscht uns, und sobald wir das anerkennen, sobald wir unseren Griff von Dingen lockern, die nicht ewig so bleiben können, lernen wir, sie im ewigen und unendlichen jetzigen Moment zu genießen – wenn sie noch immer neu und jung sind.

So haben die Tibeter ihr Leben gelebt und so habe auch ich die Inkarnationen meines Geistes gelebt. Ich bewegte mich durch jeden kostbaren Moment und saugte ihm alles Leben aus. Ich versuchte nicht, die Dinge festzuhalten, die ich niemals besitzen konnte – weder meine Erinnerungen, meine Freunde, meinen Glauben und noch nicht einmal die ureigenste Natur meines Wesens. Ich hieß die Veränderung täglich willkommen. Ich umarmte den Tod meines alten und die Geburt meines neuen Selbst. Sobald wir unseren festen Griff lockern, kann das Leben durch uns fließen.

Das nächste, worüber ich sprechen möchte, ist das Mandala. Seine Form reflektiert die Gesetze und das Licht des Lebens. Ein Mandala ist ein Muster in Kreisform und kann aus beliebigen Komponenten bestehen. Wir leben in einer Spirale, die vom höchsten Punkt aus gesehen wie übereinander gestapelte Kreise aussieht. Die Bewegung unseres Geistes durch die Epochen und Leben erschafft ein gewebtes Muster aus Lichtessenz, das ein Mandala bildet, das von den Schattierungen unserer Erfahrungen gefärbt ist, sodass das ganze Universum dies sehen kann. Dieses Mandala wird zu unserer eigenen Karte, zu unserem Meisterstück. Es ist ein sich beständig aufbauendes Kunstwerk, das die Erfahrungen unserer Existenzen aufzeigt. Mit der Zeit wird es immer vielschichtiger und zeigt immer feinere Details. Es ist von atemberaubender Schönheit, in seiner Kompliziertheit inspirierend und in seiner Wahrheit überwältigend.

Wenn ein Mandala aus buntem Sand entsteht, kann seine Fertigstellung viele Wochen, Monate oder sogar Jahre dauern. Nachdem man es dann für eine kurze Zeit bewundert hat, wird es wieder zerstört. Damit soll die Unbeständigkeit des Lebens gefeiert werden. Wenn das Mandala der Seele vollkommen geworden ist, wird es ebenso betrachtet und bewundert. Doch das Höhere Selbst erkennt, dass die Antwort hinter jedem gelebten Leben, hinter jeder gemachten Erfahrung, jedem gedachten Gedanken und jedem Schmerz, eine Lüge ist. Alles, worauf es ankommt, ist, dass uns die Leben, die wir durchwanderten, gelehrt haben, die Antwort auf die ursprüngliche Frage zu finden, die schon in unserem Herzen war, als wir das allererste Leben gelebt hatten – wie ein Kind, das die Gaben seiner Eltern nicht achten kann, durch das Leben geht und irgendwann selbst zu einem Elternteil wird, nur um sich des Wertes der Liebe seiner eigenen Eltern bewusst zu werden. Wie der Narr, der in die Welt geht, im Kopf nur den Wunsch, die Geheimnisse des Universums zu lösen, um dann am Ende seiner Wanderschaft festzustellen, dass alle Antworten auf seine Fragen nicht im Außen, sondern nur in ihm selbst zu finden sind. Sie waren immer da, hätte er nur einmal angehalten und in sich geschaut.

Auch das wundervolle Mandala der Seele wird aufgelöst und das Licht, das in seinem Kern brennt, strahlt hervor und steigt auf, um zu Gott zurückzukehren. Nichts wird verschwendet. Die Mühen, die aufgebracht wurden, das Mandala zu erschaffen, die Reise, die Erfahrungen, die Emotionen, sind genauso wichtig wie das Licht. Sie werden von Gott absorbiert, um ihn zu bereichern, und da wir ein Teil Gottes sind, bereichern wir damit alle. Doch das Licht ist der Kern, die Quintessenz, der Anfang und das Ende.

Zum Abschluss möchte ich Folgendes sagen: Ich habe viele Leben gelebt. Ich habe viel gesehen und großen Schmerz und viele Qualen ertragen. Um ein Leben in Frieden zu leben, finde einen Moment, in dem du in die Stille der Gelassenheit eintreten kannst. Dadurch wirst du weiterhin über das Mandala unserer Seele reflektieren und die Reise fortsetzen können.

Es spielt keine Rolle, ob die Menschen die Weisheit deiner oder meiner Worte verstehen. Es ist nur wichtig, dass wir unsere eigene Wahrheit leben und in ihr unseren Frieden finden. Wenn wir unseren Glauben leben und dadurch anderen ein Beispiel geben, werden unser Friede und unsere Wahrheit unser Wesen durchstrahlen und die Menschen entflammen, die bereit sind zu sehen.

Möge euch Gelassenheit schützen. Möge der Friede an eurer Tür weilen. Möge euch die Stille umgeben und das Chaos euch niemals schaden.

Serapis Bey

Mein Leben als inkarnierter Engel

Meine Geschichte ist ungewöhnlich. Ungewöhnlich deshalb, da ich nicht wie die anderen Aufgestiegenen Meister aus dem Geist Gottes geboren bin. Mein Ursprung liegt im Herzen Gottes, dessen Bewusstsein auch als das Kollektiv der Engel bekannt ist.

Der Lebensstrom der Engel wurde einst geschaffen, um bei der Schöpfung mitzuhelfen. Engel sind die Erweiterung von Gottes Willen, durch die er seine Schöpfung manifestiert und die Lebenskräfte, die von der Menschheit mittlerweile als „normal" betrachtet werden, erhält.

Am Anfang, als alles noch ganz neu auf der Erde war, wanderten die Engel Seite an Seite mit den Menschen und lehrten sie praktische Dinge und spirituelle Wahrheiten. Als aber die Schwingung der Erde sank, entfernten sich die Menschen und Gottes Hilfskräfte immer mehr voneinander. Die meisten Menschen verloren die Engel aus den Augen und nur ein paar wenige konnten noch hören, was die Engel ihnen zu sagen hatten. Gott befürchtete, dass seine Kinder vom Weg abkämen, wenn sie nicht mehr mit den Engeln sprechen könnten. So gab er einigen Engeln die Möglichkeit, den Strom des Lebens zu überqueren und sich in einem menschlichen Körper zu inkarnieren. Ich war einer der ersten wenigen Engel, die die Grenze, den Schleier zu physischem Leben, überschritten und auf die Erde kamen.

Gott und den Engeln waren die Begrenzungen der physischen

Ebene anfänglich nicht bekannt. Wir besaßen kein Verständnis davon, was es bedeutete einen Körper zu haben. Wir wussten nicht, wie er uns beeinträchtigen würde, wie wir uns mit ihm fühlen würden.

Engel sind glückliche Wesen. Sie empfinden alles durch das Herz, üben kein Urteil und sind von Natur aus unkritisch – genau wie Gott. Und daher lieben die Engel alles. Wir sind Energiewesen und haben weder Geschlecht, Form, noch Farbe. Wir sind einfach Bewusstsein einer bestimmten Frequenz und dabei ganz unbegrenzt.

Wir Engel sind daran gewöhnt, denen zu Diensten zu stehen, die uns wahrnehmen. Doch nun waren wir mit der Fähigkeit ausgestattet, uns unsere Form, die wir für ein physisches Leben brauchten, selbst auszusuchen. Unwissend und ohne lange nachzudenken wählten wir eine Form aus und traten durch unseren eigenen Willen in eine Welt ein, die für uns fremd war. Als Erweiterung Gottes hatten wir nie einen eigenen freien Willen besessen. Wir besaßen zwar ein eingeschränktes Bewusstsein und die Fähigkeit zu wachsen, zu lernen und zu verstehen, doch eigentlich tun wir immer nur das, was Gott wünscht. Wir können nicht widerstehen und wir wollen es auch gar nicht. Wir führen einfach Gottes Willen aus, egal, ob wir uns im Reich der Engel befinden oder auf der Erde. Und obwohl uns diese Tatsache von Karma befreit und uns ein sorgenfreies Leben ermöglicht, hat sich doch große Betroffenheit im Bewusstsein von jenen eingestellt, die zu der wahren Natur ihres Wesens erwacht sind. Die spontanen Emotionen, die jene bedrängten, die die Grenze überschritten hatten, waren Angst und Frustration. Das Gefühl tiefer Einsamkeit schnitt uns von dem Reich ab, in dem wir immer gelebt hatten. Wir fanden uns in einer Welt wieder, in der die Menschen uns nicht so liebten wie wir sie. Wir waren gegenüber Emotionen wesentlich sensitiver als ein normaler Mensch. Außerdem gehorchte unser physischer Körper nicht wie unser Energiekörper unserem Willen und so fühlten wir uns in ihm gefangen. Wir waren von der Schwerfälligkeit eurer Welt überwältigt.

Wir verbargen uns hinter Illusionen und trugen Masken, um gesehen werden zu können. Wir bekamen ein Chakren- und ein Meridiansystem, ein Bewusstsein und ein Unterbewusstsein, ein Schattenselbst, eine Anima, einen Animus und ein inneres Kind. Wir nahmen Probleme und Schwierigkeiten an, damit wir uns besser an unsere Umgebung anpassen konnten, und wir erhielten Informationen von unseren Familien und unseren Freunden. Viele von uns tarnten sich so gut, dass sie vergaßen, wer sie wirklich waren. Sie begannen, an die eigene Illusion zu glauben, und dachten, doch nur ein nutzloses Menschenwesen zu sein. Wir sind keine logischen und linearen Wesen. Wissenschaft, Mathematik und Geometrie liegt uns nicht. Nur die Kunst ist uns gegeben.

In der Nacht, während unsere Körper schliefen, reisten wir von der physischen Ebene weit weg, erholten und nährten uns zu Hause, im Reich der Engel. Morgens, wenn wir wieder aufwachten, waren wir verwirrt und unkonzentriert. Doch je mehr Inkarnationen ein Engel durchmacht, umso mehr lernt er, mit diesen Problemen umzugehen.

Durch die individuelle Frequenz eines Engels, je nachdem, wo der Ursprung seiner Quelle liegt – sei er nun einfach engelhaft oder ein Aspekt eines göttlichen Erzengels –, versteht jeder Engel bestimmte Dinge besser als ein anderer.
Doch für ein Wesen, das aus Licht besteht, das so formbar ist wie Ton und so liebevoll wie Gott, ist es sehr schwierig, inkarniert zu sein.

Engel leben durch Glauben und brauchen auch den Glauben anderer, um ihr Leben auf der Erde leben zu können.
Jeder inkarnierte Engel besitzt einen Anker, einen aus dem Geist Gottes geborenen Sterblichen, der an ihn glaubt. Ohne

solche Anker würde unsere Essenz bald den physischen Bindungen entschlüpfen und es würde aussehen, als würden wir sterben. Deshalb versuchen wir, wenigstens den Glauben einer Person auf der Erde zu erhalten oder unseren eigenen Glauben für eine gewisse Zeit aufrechtzuerhalten.

Wir führen Gottes Willen aus und entfalten Gottes Plan, was aufgrund der Natur unseres Wesens unsichtbar geschieht. Und doch ziehen wir viele Menschen durch unser Licht an. Wir haben die Anweisung, nur anzuleiten und nicht zu lehren. Wir dürfen nicht versuchen, Menschen von einer anderen Meinung zu überzeugen, und dürfen unsere Kräfte nicht in Konflikt mit dem freien Willen der Sterblichen bringen. Dadurch können wir keine Führer sein, dadurch spielen wir keine offensichtliche Rolle in den großen Veränderungen des Bewusstseins. Wir arbeiten immer unsichtbar.

Als ich auf der Erde lebte, verbrachte ich viele Inkarnationen in Zivilisationen und Kulturen, über die es heute keine Aufzeichnungen mehr gibt. Ich beeinflusste das Denken der Zeit durch meine Handlungen und meine Überzeugungen. Manchmal war mir nicht bewusst, was ich tat, und manchmal kannte ich meine Wahrheit.

Ich lebte gegen Ende der atlantischen Periode und versuchte, die Aufmerksamkeit der Atlanter wieder auf die mystischen Seiten des Lebens zu lenken. Zusammen mit anderen Engeln versuchte ich, den atlantischen Wissenschaftlern ihre Denkfehler aufzuzeigen. Ich versuchte, sie dazu zu bewegen, mit Gott zu sprechen, statt ihn zu bekämpfen. In anderen Kulturen und Zivilisationen versuchte ich, den Menschen das spirituelle Licht näherzubringen, das alle Religionen miteinander verbindet.

Damit der Frieden wieder auf Erden entstehen konnte, versuchte ich, meine Mitmenschen zu ermutigen, auf Krieg zu verzichten und vielmehr ihre Gemeinsamkeiten herauszufinden.

In Ägypten lebte ich mein berühmtestes Leben, dessen Namen ich heute noch trage. Damals, als bereits viele Kulturen begonnen hatten, verschiedene Wahrheiten zu verehren, lehrte ich die Einheit des Göttlichen. Natürlich riefen sie das gleiche reine Licht des Himmels an, doch sie gaben ihm andere Namen und andere Formen. Diese Götter und Göttinnen waren Archetypen, die aus dem Bedürfnis der Menschen entstanden, jeder Eigenschaft Gottes eine bestimmte Form zu geben.

In Ägypten versuchte ich zu zeigen, dass alle Archetypen und alle Götter nur Teile des einen Lichts sind, Gefäße, durch die das eine reine Licht schien. Für einige Zeit war ich erfolgreich, doch nach meinem Tode wurde meine Wahrheit verschleiert und diejenigen, die die Worte predigten, die ich einst ausgesprochen hatte, sagten nun, dass der Gott, von dem ich gesprochen hatte, kraftvoller sei als die anderen Götter, dabei war er doch die Quelle, aus der die anderen kamen.

Falsch interpretiert kann die hellste Wahrheit in die dunkelste Lüge verwandelt werden. Die Menschheit hat die Angewohnheit, nicht richtig zuzuhören, was andere sagen, und es nicht korrekt wiederzugeben. Und genau das ist damals geschehen. Es geschah schon damals zu Lebzeiten Jesu und es geschah in den Leben von vielen Weisen, die versucht hatten, die Welt durch die eine Wahrheit zu vereinigen.

Auch heute noch gibt es inkarnierte Engel auf der Erde. Sie sind dem menschlichen Auge genauso wenig sichtbar wie die ätherischen Engel, denn sie tarnen sich in einem Kleid aus Fleisch und Blut und wollen keine Aufmerksamkeit erregen. Doch jene, die bewusst sind, können sie erkennen. Denn sie tragen ein Licht in ihren Augen, haben Anmut in ihrem Tun sowie Leichtigkeit und Offenheit in ihrem Herzen. Diese Wesen tragen das Potenzial großer Liebe in sich und wirken immer ein wenig verloren, ein wenig verwundet, ein wenig traurig. Sie sind Menschen, die eine außerordentlich großzügige und wohltätige

Natur besitzen und anderen Menschen das Gefühl geben, geliebt und etwas ganz Besonderes zu sein.

Als ich auf der Erde lebte, wuchs ich mit jeder Erfahrung. Ich beobachtete die Menschen und wurde mir mehr und mehr der Unterschiede zwischen unseren Seelen bewusst. So bemerkte ich bald, dass ich nicht aus derselben Quelle stammte, und nahm fortan die Menschen mit einer noch größeren Distanz wahr. Ich erkannte auch, dass viel Schmerz vermieden werden könnte, wenn der Mensch nur die Gnade Gottes anerkennen würde. Aber der Mensch setzt dem Strom seiner eigenen Bestimmung Widerstand entgegen – und er widersteht der Führung seiner eigenen göttlichen Quelle. Der Mensch denkt zu viel und hört zuwenig auf sein Herz. So findet er sich in Schwierigkeiten wieder, die er selbst erschaffen hat. Das Göttliche ist voller Überfluss, eine Quelle aus Licht, Liebe und Hoffnung, ein Wesen, das unendlich freigebig ist. Diese Freigebigkeit wird den Menschen wieder aufbauen. Sie hat die Kraft zu transformieren und sie gibt uns alles, was wir brauchen.

Alles, was wir zu tun haben, ist, Gott um die Dinge zu bitten, die wir brauchen, und dann einfach weiterzugehen. Gottes Atem bringt uns voran und Gottes Herz unterstützt uns. Und unser Glaube an Gott und an uns selbst schützt uns.
Dies sind meine Lehren und wer könnte besser vom Glauben sprechen als ein Engel?

Durch die Beobachtung der Welt und der Menschen erreichte ich während einer Inkarnation die Stufe zum Aufstieg. Ich wurde erleuchtet und gottgleich und stieg in die höheren spirituellen Ebenen auf, ohne zu wissen, wohin ich ging und was aus mir werden würde. Ich war der erste Engel, der diese Ebenen durch physische Inkarnationen erreicht hatte, und es wurde mir erlaubt, die Brücke zwischen dem Reich der Engel und dem Kollektiv der Aufgestiegenen Meister zu sein. Und es ist bis zum heutigen Tage meine Aufgabe, diese beiden Ebenen durch meine Liebe, mein Verständnis und meine Gegenwart zu verbinden.

Ich blicke auf die Erde und überwache die Wege der Menschen, die schon früher mit Engeln gearbeitet haben. Es sind die wiedergeborenen alten Atlanter und Essener und alle Menschen, die in mystischen und magischen Orden gelebt und unsere Namen und Kräfte angerufen haben.

Allen inkarnierten Engeln auf der Erde sende ich mein Licht, um ihnen mit meinem Verständnis Linderung für ihre tiefen Schmerzen zu bringen. Emotionen sind so kraftvoll und die Engel und die menschlichen Wesen, die offen und empfänglich sind, fühlen diesen Schmerz, der momentan auf der Erde so stark ist, wie ich ihn selbst nie kennengelernt habe. Mit liebenden Augen blicke ich herab und biete euch meine Kraft und meine Liebe an.

Meine Leben waren nicht besonders ereignisreich, boten aber viele Möglichkeiten zur Beobachtung. Und was ich sah, nutzte ich, um neue Gedanken und Bewegungen anzuregen. Als Wesen, das vor langer Zeit noch nicht an das Sprechen gewohnt war, war mir doch immer noch bewusst, dass ein beispielhaftes Handeln und Sein kraftvoller sein kann als tausend Worte und Millionen Sätze.

Nun geht voran und seid euch Gottes Gnade bewusst. Lebt das, woran ihr glaubt, lehrt durch euer Beispiel und öffnet eure Augen, auf dass ihr die Engel erkennen möget, die euren Weg kreuzen.

Mit dem Segen der Engel überlasse ich euch meine Gedanken.

Der Autor

Edwin Courtenay, Jahrgang 1971, wuchs in Yorkshire, England, auf. Im Alter von vier Jahren hatte er seine erste hellsichtige Erfahrung, in der ihn seine Großmutter, die einige Monate zuvor verstorben war, besuchte.

Edwin hatte eine ungewöhnliche Kindheit, die er in ständigem Austausch mit der geistigen Welt verbrachte.

Nach einem Jahr der Übung und des Lernens gewann er im Alter von sechzehn Jahren die bewusste Kontrolle über seine hellsichtigen Fähigkeiten. Mit achtzehn Jahren begann er, sein Potenzial als Medium zu entwickeln. Seit dem zweiundzwanzigsten Lebensjahr channelt Edwin Geistführer, Engel und Aufgestiegene Meister für andere Menschen. Heute ist er, der sich als Mittler sieht, weithin bekannt als Führer und Lehrer, durch den das Göttliche in seinen vielen Formen und Gestalten seine Kinder zurück ins Licht, in die Liebe und in den Frieden führt.

Edwin lebt in South Yorkshire in England und genießt sein Leben, das aus einer fein abgestimmten Mischung von spirituellen Mysterien und materiellen Genüssen besteht.

Falls Sie Interesse haben, an Edwin Courtenays Seminaren über Engel, Erzengel, Aufgestiegene Meister, Heilung und anderes teilzunehmen, wenden Sie sich bitte an den Verlag.

Hans-Nietsch-Verlag, Postfach 228, D-79002 Freiburg